TPRS® STORYTELLING AND THE SONGS OF *WALDSEE*

A Classroom Manual for Teachers of German
by
Bernie Schlafke

Waldsee German Language Village Curriculum Series
Daniel S. Hamilton, Series Editor

© Concordia Language Villages, 2006
Concordia College
Moorhead, MN 56562
www.concordialanguagevillages.org
Tel: 218.299.4544   Fax: 218.299.3807

ISBN 0-9776056-1-2

Foreword

For close to half a century young people from all over North America have embarked on a magical adventure in German language and the German-speaking cultures of Germany, Austria and Switzerland at *Waldsee*, America's German Village. Active, hands-on learning is the key. *Waldsee* villagers immerse themselves in the diverse ways of German culture through sports, the arts, foods, improvisational theater, live radio broadcasting, environmental learning, political and historical simulations, global games and, of course, music.

In this book veteran *Waldsee* staff member and experienced German teacher Bernie Schlafke marries the innovative and effective technique developed by Blaine Ray known as TPRS®, or Teaching Proficiency through Reading and Storytelling, with the joys of singing to produce a delightful resource for German teachers seeking to add some spark and fun to their classes. We are grateful to Blaine Ray for his insights.

This book is part of a series of educational materials that seek to "bottle" *Waldsee*'s immersion techniques for German teachers to uncork and adapt in their own classrooms. Other publications in this series seek to help German teachers integrate environmental learning and German; art and German; and global studies and German in their classrooms. A catalogue of Waldsee's "best practices" joins this series. Moreover, our own German songbook, *Waldsee Lieder*, contains over 300 German, Austrian and Swiss songs appropriate for classroom learning, and is a nice complement to this book. These materials have been developed simultaneously with the publication of *Doing Foreign Language: Bringing Concordia Language Villages into Language Classrooms*, by Heidi E. Hamilton, Cori Crane and Abigail Bartoshesky (Pearson Education, 2005), which broadens the scope beyond German to embrace and offer practical classroom applications of the basic principles that guide Concordia Language Villages curriculum and programming in 14 different languages.

A very large *Danke Schön* goes to *Waldsee* villagers, their parents, and our staff for their continuing enthusiasm, participation and support, and to the many German teachers around the country who work with us and encourage their students to join us at *Waldsee* each year. Our work has benefited in particular from the Federal Republic of Germany's interest in *Waldsee*. Germany's ERP Transatlantic Program has been a critical source of support for our efforts to make *Waldsee*'s innovative teaching methods accessible to teachers of German, and we are grateful. Continuing thanks also go to my colleagues as Deans of Waldsee Carl-Martin Nelson, Jon Berndt Olsen, and Larry Saukko. Donna Clementi, Dean of the Concordia Language Villages Teachers Seminars, has been a constant source of encouragement for our efforts to "bottle" our practices into useful materials for classroom teachers. *Merci vielmals* to Christine Schulze, Executive Director of the Concordia Language Villages, and her able staff for their support. Our deepest thanks to Bernie Schlafke, known to us at *Waldsee* as *Bernhard*, for his tremendous enthusiasm and commitment to *Waldsee*.

Dan Hamilton
Dean, *Waldsee* German Village
Waldsee Curriculum Series Editor

Acknowledgements

This book is only possible due to years of the love, friendship, and support from everyone in my life. *Tausend Dank!* I owe a special *Danke schön* to:

- my mother and father, Nancy and Bernard Schlafke, for instilling in me a love of languages, travel, and music;

- high school German teacher Charles Pankratz, who taught us "Russisches Schlittenlied" and unknowingly sparked a life-long love of the folksong;

- all the counselors at Bear Paw Scout Camp, especially Neil Walker and Bryan Radue, who long ago taught me the basics in teaching and song-leading;

- Kathleen Appel, Robert DiDonato, Charles James, Anne Weber, Beth "Marianne" Skelton, Heidi Hamilton, Byron "Klaus" Berry, Blaine Ray, Karen Rowan, Susan Gross, Joe Neilson, Julie Baird, Janice Holter-Kittok, and Barbara Cartford, for their examples of outstanding teaching;

- Anita Kirschling, Mary Vandersteen, Lovell Ives, Cheryl Grosso, Terrance O'Grady, Forrest "Woody" Mankowski, Sarah Meredith, Wendy Rowe, Kathleen Otterson, Mary Schmidt, Alexander Romeo Liebreich, Scott MacPherson, Timothy Stalter, Bruce Gladstone, Iris Braun, Mary (Jezl) Cornett, Jennifer Kramer, and countless others, for their many contributions to my musicianship;

- Daniel "Karl" Hamilton and Christine Schulze, for modeling outstanding leadership, and many, many other Waldsee-*Freunde*, without whose spirit, love, and support none of this would have been possible;

- Roy "Raphael" Shi for his text editing and software work;

- my dear friends Helda, Lori, Bernhard, Dieter, Mike, Beth, Edwin, Laura, and Shannon for their frequent reminders of our human Oneness;

- all my past, current, and future students, for the sparkle in their eyes; and

- my sister Susan and her husband Jeff, who brought into the world Emma and Sam, my two most faithful students.

Bernie Schlafke

Table of Contents

Table of Contents

Introduction

Where and what is Waldsee?

A few words about the origin of this manual and guidelines for its use in your classroom

For all of us who return to the lakes in northern Minnesota year after year to share our love for and knowledge of the German-speaking world, Waldsee is an immersion playworld in the summer, and the home of pleasant reverie in the winter. The idea of an immersion summer "village" for learning German has grown from a two-week program in 1961 into a multi-sited and multi-programmed facility operated by the Concordia Language Villages of Moorhead, Minnesota. For two or four weeks "Jane" and "John" become "Heike" and "Heiko," and they enhance their understanding of and passion for the German language every day--by eating *Müsli* in the *Gasthof*, by withdrawing euros from the *Bank* to buy *Schokolade* at Cafe Einbeck, by playing *Fußball* out in front of the *Bahnhof*, or by co-creating and rehearsing a play for a *Theaterabend* in the *Märchenwald*.

The village community learns together by doing and playing, and singing is interwoven throughout each day's activities. From the very first *Lagerfeuer am Strand*, to meals in the *Speisesaal*, to *Gesang*, to *Morgen- und Abendkreis*, villagers learn more culture and expand their active vocabulary by singing. Each year the repertoire of songs sung in Waldsee grows, as native-speaking counselors contribute their favorites. While most of Waldsee's song repertoire is authentically Austrian, German or Swiss, some counselors and villagers have composed new songs for learning the language, and for ***fun***.

The songs selected for this manual range from simple children's songs to folk songs to rock songs, and they will enhance any German program. They come from central Europe, with the exception of "Mein Lieblingslied," a very popular village song which was composed by counselor Brent Bruning. For easy reference, they have been organized thematically. *Within each theme the songs are listed more or less according to growing level of complexity*, based not only on the amount of vocabulary and repetition, but also upon the complexity of the melody. For each song there is a list of key words from the first verse and refrain, a copy of the full text of the song, a copy of the melody, a sample mini-story, and a list of suggestions for personalized questions for the first verse and refrain.

TPRS® and Singing

What is it?
Why use it to teach songs?

TPRS,® or Teaching Proficiency through Reading and Storytelling, is an extremely effective teaching method developed by Blaine Ray and now used by an increasing number of world language teachers throughout the United States. Simulating natural language acquisition, it incorporates a number of theories of language learning, including those of  Stephen Krashen and multiple-intelligences, as well as a great amount of creativity and, of course, **fun**. (For a thorough description of the methodology, please refer to *Fluency through TPR Storytelling*, by Blaine Ray and Contee Seeley. Workshop information can be obtained from the website, BlainerayTPRS.com) The steps useful for teaching the songs are: establishing meaning, personalized questions, and personalized mini-situations (PMSs). For teachers who are familiar with TPRS,® each song can be treated as a story. For teachers who are not familiar with TPRS,® this manual can help enhance their palate of classroom activities. And for all German teachers who would love to share songs with their students, yet don't necessarily sing outside the shower, this manual can help students to become very familiar with the text of a song **before they ever hear it.**. Once this point is reached, some teachers will model the song by playing a recording, while others will choose to sing it themselves, introducing it phrase by phrase. Either way is fine—the main goal of this manual is really to promote many of these wonderful songs which have delighted Waldsee villagers for years, and to send them beyond Waldsee and into the classroom!

The steps for teaching a song using TPRS®

These steps should be followed in order! Be sure to show the keywords in the order they appear in the song.

1. Establish meaning: For each song, create a set of two or three key phrases from the list of keywords, teach a gesture (your students can create them, too!) Some will be obvious, some quite abstract. For more abstract expressions, you may wish to use English briefly to insure clarity of meaning. Train your students to gesture each keyword after you say it. For teachers who have their students trained to repeat immediately, this will be a subtle, but major, shift. All language learners require some time for the meaning of a word to sink in *before* they use it. **Check for understanding of the key phrases immediately**, first in order, then at random. Temporarily hide the keywords from view and check again. Make sure that all your students respond correctly before proceeding.

2. Personalized Questions (PQs): Once the meaning of the set of keywords and phrases is clear, bombard the class with "Yes/No" and "Either/Or" questions containing each keyword. It is best to start each round of PQs for a keyword with a question like "Who here....?" to encourage volunteers. Ask both simple and silly questions about your students' friends or families, about local and Hollywood celebrities. Be outrageous whenever possible. In the suggested questions for the keywords from verse one and the refrain of each song in this manual, **an asterisk (*) will be used to indicate** *dein bester Freund, deine beste Freundin, deine Mutti, dein Vati, deine Tante, dein Hund,* **(celebrity), etc.** Keep the pace lively and react to your students' responses.

3. Personalized Mini-Situations (PMSs): For this step it's a good idea to have some goofy hats, sunglasses and miscellaneous accessories, and some funky used clothing on hand. This will help generate volunteerism, first from your "hams," and later from your shyer students. In a PMS the teacher **_asks a story_** to the class, using a selected number of the keywords and **_students as the protagonists_**. As one can imagine this requires a great deal of creativity (especially if using words which come from a song rather than a story) and vocal strength on the teacher's part, but PMSs are the creative spark of TPRS®, and the students love them. This manual contains a sample PMS for almost every song. Be sure to substitute your students' names, local places and your **_students' ideas_** into the story. Teachers who wish to save their vocal chords and rely more on their students creativity may consider this alternative: Showing the 9-15 keywords learned at this point (on the overhead or board), instruct your students to get together with a partner to create and write a silly, humorous "action" sentence using 4-5 of the keywords about their favorite TV star (or animal, cartoon character, etc.) to be read and presented later to the class. Be sure to give them some parameters for their character/situation, and a *specific time limit*, before you let them write. At this point teachers will spend their time moving around the classroom, supplying students with helpful vocabulary. Students usually take off, minds ticking. Consider handing out rewards for the most creative sentences, dramatic performances, clear pronunciation, etc. Regardless of whether you choose teacher-generated or student-generated PMSs for your class, your students will become very familiar with the song's vocabulary.

4. Gesture the song text: Choosing meaningful phrases, gesture the text as you say it slowly, and have your students imitate you. Check comprehension by repeating each phrase as your students *gesture* it back to you. Connect phrases together in order, and build up each verse and/or refrain.

5. Add the rhythm: Model each phrase of the song, either yourself or using a recording and the "pause" button, and have the students **speak** back to you, in rhythm. If you can, be picky about the rhythm, especially where there is syncopation. Have students be as exact as possible, and then divide the class into two or three groups. Have each group check the other(s) to see how precise each group can chant the phrase/verse in rhythm. Vary the speed and/or volume of the repetition.

6. Check retention: Perform a quick assessment (with the rhythm, if possible) by giving the class an aural "CLOZE" exercise: In the order as they appear in the song, say each phrase while omitting some words, and have the class supply the missing words.

7. Check comprehension of text: Briefly and *quickly*, check global comprehension of the song text by asking some simple true/false ("Stimmt" oder "Stimmt nicht") or either/or questions. *Stick to a few of the main points,* and avoid getting bogged down in minute details. In the song "O Tannenbaum," for example, such simple comprehension questions could include: "Sind die Blätter grün?" "Sind die Blätter grün oder blau?" "Wird der Tannenbaum im Sommer oder im Herbst oder im Winter grün?"

8. Model the melody: Once most students comprehend the lyrics, introduce the melody to them. Some teachers will choose to play a recording as a listening activity, while others may choose to play the recording several times as background music during other activities or while students enter the classroom before class begins. Still another option, one which should be done at least two days before getting to this step, and which would more actively involve students, is to gather a group of students who can sing, pre-teach them the song, and give them copies of the song to practice at home. This group can then model the melody when the entire class is ready to hear it. With the internet and global marketing, many songs are available to download or order for your class (one good source is amazon.de), or you can ask a student to do some surfing and download some songs for a class CD.

9. Teach the song in meaningful phrases: Model each phrase and have the entire class sing it back, and make good use of commands such as *"Singt lauter (schneller, langsamer, ruhiger, von Anfang an)!"* to insure ample repetition, not to mention excellent comprehensible input. Continue adding phrases and building the entire song.

10. Review, Review, and more _Review_:
After teaching a song, it is important to **_review it each day for the next two class days_**—some teachers will choose this as a warm-up activity at the beginning of class, others may use it to wrap up class, and still others may used it as a so-called "sponge" activity to soak up some miscellaneous moments at other times of the period. Be sure to sing each song once each week for the following two or three weeks to insure fossilization. It is a

good thing when students "complain" about the *Ohrwurm* they've learned—they (especially middle school students) will teach it to their family and friends, and promote your German program for you! After students know some songs well, it is important to **_play with and personalize the songs_** by varying the repetition—here are some ideas:

➢ **Put the song titles into one hat and a variety of song styles (country, classical, rap, jazz, metal, punk, etc.) into another.** Have students gather themselves into groups of four to six and draw a song and a song style. Give each group 7-10 minutes (be specific) to re-do the song in a different style, and then perform for the class. Consider giving extra credit for designing an album cover, or for performing with unforgettable passion or matching costumes.

➢ **"Lieder, die wir lieben und fürchten"** is a popular review activity at the end of each two- or four-week session in Waldsee. With the titles of each song in a hat, have random students draw one for the whole group to sing.

➢ **"Das Radar-Singspiel"** is a fun activity in which one or several songs can be reviewed. Send one volunteer student into the hall. The remaining students agree on a secret object/person to be "it." As the volunteer student re-enters the classroom, the other students sing—louder as the volunteer walks toward "it," and softer as the volunteer moves away from "it." The volunteer student has three guesses, using "*Ist es* (Max)?" or "*Ist es* (die Tafel)?"

➢ **Play word games**—Using individual words or phrases from songs, play *Mastermind* (best for words with *three to five* letters) or *Galgenmenschen* (best for phrases). In Mastermind, one person thinks of a short word, and the class/other player suggests words of similar length. The leader uses a small, empty circle to indicate each "correct letter in the wrong position," and a small, full circle to indicate each "correct letter in the correct position." In *Galgenmenschen* (hangman), students ask "*Gibt es ein* (X)?" to figure out a song phrase, letter by letter. Train your students to say "*Ich möchte es lösen*" when they are ready to solve the puzzle. These games may be played as a class or in groups.

➢ **Drawings**—Give students a copy of the learned song text and create a **poster**, without using words, to teach the song to someone else. Give credit for simplicity, clarity and amount of detail, so that even stick-figure-drawers can benefit from this reading exercise. A similar exercise, good to check text comprehension, is the **6-Frame drawing**. On a sheet of paper which has been folded into six sections, instruct students to individually draw six ideas or scenes from reading the whole text. To insure that students are reading the whole text, require them to illustrate ideas from the beginning to the end, *in order*.

➢ *Personalize* **Singing**: Refer to the songs casually by asking students about their song preferences, such as "*Singst du* (Ackerwinde) *gern oder nicht gern?*" "*Welches Lied singst du lieber,* (Ackerwinde) *oder* (Der Hahn ist tot)?" "*Wer hier singt* (Ackerwinde) *zu Hause?...Wo singst du es meistens? Im Schlafzimmer? Am Telefon? Im Auto? In der Dusche? Im Wohnzimmer?*"

➢ **Check written comprehension of song text**: To encourage students to enjoy singing, this is best done only *after* students have done at least one of the activities above. Some teachers may choose an activity from this manual, while others will prefer to create their own. To transfer the useful vocabulary from its song context, have students personalize a specific number (one to three) of keywords from a certain song by including them in their written work, such as a journal or script for a skit.

In teaching songs using TPRS® it is important to choose a pace that works for everyone. Take the time necessary to learn the song, teach the keywords and the PMSs, and *have fun* doing so! Depending on each school's schedule and curriculum demands, one teacher may wish to teach a song in one day, while others may choose to break the above steps down over the course of a week. A useful breakdown of these steps would be:

Day 1: Steps 1 – 3   **Day 3: Steps 6 - 9**

Day 2: Steps 4 – 6   **Days 4, 5, etc.: Step 10**

Equally as important as setting a comfortable pace is--quite simply--*liking* the song! The teacher's enthusiasm for a song will pass on to the students, regardless of the quality of singing.

Four Day Planning Guide for Teaching a Song with TPRS

The ten steps suggested earlier in this introduction should be spread out over several teaching days. This will help students retain the vocabulary in long-term memory, as well as create a more varied, less hectic pace for the teacher. Listed below is a sample guide for the preparation and actual teaching of a song over a period of four days. Teachers should feel free to vary this pace, according to the level of the class, the complexity of the song, and the length of the class period.

Advanced Preparation For Teaching a Song Story:

1. Choose a simple, authentic song that you like.

2. Analyze the key words for target structures/vocabulary.

3. Create a list of TPR-words (easily gestured) and TPRS® words.

4. (If necessary) Combine the TPRS® words into 2-3 key phrases.

5. Use the sample PMS provided in this manual, or develop your own simple story around the key phrases.

Ideas:
> Use the situation in the text—if it lends itself to a story—as a guide.
> Use the standard "3 location" guideline:
>   Location 1: Introduce protagonist and problem.
>   Location 2: Problem not solved.
>   Location 3: Problem solved.
> Use a cultural situation related to the vocabulary in the song.

6. Create an overhead of the key word list, make sufficient copies of the PMS, write a simple (true/false, either/or) quiz for the PMS, and gather any visuals/props needed to teach the vocabulary.

Day One

TPR warm-up:

1. Give (or elicit student ideas for) gestures for TPR-words from the song.

2. Practice these in groups of three or four words (vary by changing speed, grouping of words, and response groups of students, from choral to individual).

3. Use the personalized questions given in this manual to create more meaning of the TPR words, if desired.

4. Quickly practice gestures, checking for automatic responses by most of the students.

Follow the 3 steps of TPRS® to teach the story:

1. Establish meaning of TPRS® phrases (via translation/gestures and PQA).

2. "Ask" the story (using circling: statement, yes-?, either/or, no-? plus positive restatement, then simple interrogatives "who," "where," "what." Save "how" and "why" to get more details from the students.)

Day Two

3. Read the story (compare/contrast class story to printed story, check for comprehension, personalize content, quiz the content of the story).

Day Three

Introduce the song and text:

1. If you have a recording, play it as background music. Give the class any information you may have on the song, such as whether or not it is a children's song, a holiday song, or a song from a certain geographical location.

2. Introduce (via overhead, board, students, posters, gestures) text in meaningful phrases, and check comprehension (via translation, circling questions, gestures).

Non-Musical Teachers:	Musical Teachers:
3. Drill each phrase, using choral or group repetition.	**3.** Drill each phrase with the rhythm of the song, using choral or group repetition (aural cloze √).
4. Model the song (recording, students -- prep them first).	**4.** Sing each phrase, having students repeat. Build up phrases to sing entire song.
5. All students sing.	**5.** All students sing.

Day Four

Review the song:

1. Show the entire song text, and sing the song.

2. Re-check comprehension of text (elicit gestures from students to check individual words, and ask simple questions to check global comprehension of text).

3. Processing Activity (for example, play a game, such as charades, or have students draw a song poster. Refer to the list of other review activities mentioned earlier in this introduction).

This Manual

This manual contains a selection of the many Austrian, German and Swiss songs sung each year at Waldsee. These songs have been organized into broad themes, such as *Der Alltag* or *Tiere*. This will help the classroom teacher to locate a song quickly to supplement more familiar themes taken from original or textbook sources. The songs within each broad theme have been arranged roughly sequentially, from songs more appropriate for beginning learners to those more suitable for advanced learners. (More songs may be found in the village sourcebook, *Waldsee Lieder*, which is available through the Concordia Language Villages or the American Association of Teachers of German). The accompanying CD will help teachers to become familiar with each song. Teachers who only sing *in der Dusche* may choose to use it to model the song (step 8). It can be used as background music during other group activities.

Above all, teachers who use this manual should love the songs and love watching their students have fun creating meaning from them.

Viel Spaß beim Singen!

Der Alltag

- Wir haben Hunger
- Ein belegtes Brot
- O wie wohl
- Abendstille überall
- Guten Morgen
- Mein Lieblingslied
- Sieben Tage lang

Wir haben Hunger

Traditional

Wir ha - ben Hun - ger Hun - ger Hun - ger, ha - ben

Hun - ger, Hun - ger, Hun - ger, ha - ben Hun - ger Hun - ger Hun - ger, ha - ben

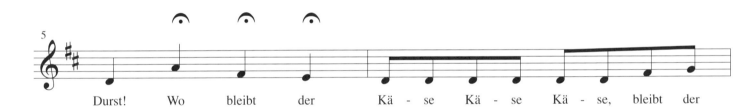

Durst! Wo bleibt der Kä - se Kä - se Kä - se, bleibt der

Kä - se Kä - se Kä - se, bleibt der Kä - se Kä - se Kä - se, bleibt die

Wurst? Die Wurst? Die Wurst? Die Wurst...

Wir haben Hunger

wir	**wo**
haben	**bleibt**
Hunger	**der Käse**
Durst	**die Wurst**

Wir haben Hunger, Hunger, Hunger,
haben Hunger, Hunger, Hunger,
haben Hunger, Hunger, Hunger,
haben Durst!

Wo bleibt der Käse, Käse, Käse,
bleibt der Käse, Käse, Käse,
bleibt der Käse, Käse, Käse,
bleibt die Wurst, die Wurst, die Wurst, die Wurst, die Wurst?

<u>**Sample Personalized Mini-Situation:**</u>

(Maria) hat Hunger. Sie bleibt zu Hause. Aber es gibt nur Käse. Es gibt (120) Kilo Käse auf dem Sofa. Es gibt (167) Kilo Käse unter dem Bett. Sie mag keinen Käse mehr. Aber sie hat großen Hunger. Also bleibt sie nicht mehr zu Hause. Sie geht nach (Moose Jaw). In Moose Jaw gibt es (Elch-)wurst! Maria mag Elchwurst. Sie hat Elchwurst auf Pizza. Sie hat Elchwurst mit Schokolade. Sie bleibt (100) Jahre in Moose Jaw. Sie hat keinen Hunger mehr.

Personalized Questions:

wir   Du und ich, sind wir (dumm/intelligent)?
Sind wir Amerikaner oder Deutsche?
Sind wir alt oder jung?

haben   Haben (*) und (*) eine Million Dollar?
Haben (*) und (*) einen BMW/Porsche?

Hunger   Haben (*) und (*) oft oder selten Hunger?...Hunger auf (Pizza)?
Wer hier hat Hunger auf (Pizza/Schokolade/Leber)?

Durst   Wer hier hat jetzt Durst?
    Möchtest du jetzt (eine Cola/einen Kaffee) trinken?
    Hast du oft oder selten Durst?

wo   Wo hast du oft Durst? In der Schule? Zu Hause?
Wer hier weiß, wo (Istanbul/Bangkok/Bemidji/Portland) ist?
    Weißt du auch, wo (Padua/Kopenhagen) ist?
Wo ist (Moose Jaw/Timbuktu)?
Wer hier weiß, wo (*) wohnt? In Hollywood oder New York?

bleibt   Wer hier bleibt (samstags/sonntags) lange im Bett?
    Bleibst du bis 9 Uhr im Bett oder später?
    Bleibt deine ganze Familie samstags auch so spät im Bett?
Bleibt (*) samstags lange im Bett?
Wer hier reist gern mit seiner Familie?
    Wohin reist ihr oft?
    Bleibt ihr meistens im Hotel oder bei Freunden?

Käse   Wer hier isst total gern Käse/Wurst?
Wurst   Ist (Cheddar) dein Lieblingskäse?
    Isst du jeden Tag Käse/Wurst?
    Welches isst du lieber, Wurst oder Käse?
    Hast du einen Hund/eine Katze?
    Isst er/sie auch gern Käse/Wurst?
Was meint ihr, isst (*) viel Käse oder wenig Käse?

(*) Please note that throughout this manual an asterisk will be used to cue the use of family members, friends, celebrities, etc. in the personalized questions. Teachers should use their discretion, as at times asking about a Hollywood star may be more suitable than "dein Bruder" or "deine Oma."

CLOZE EXERCISE:

_____ haben _____,

_____,

_____,

haben _____!

_____ bleibt _____ Käse, Käse, Käse,

_____,

_____,

bleibt die _____?

FRAGEN:

1. Wer hat Hunger?

2. Haben wir auch Durst?

3. Was möchten wir essen?

Ein belegtes Brot

Traditional

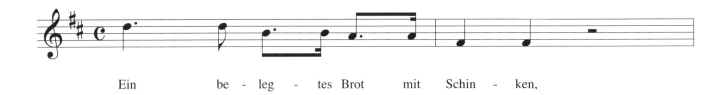

Ein be - leg - tes Brot mit Schin - ken,

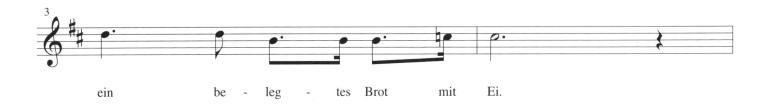

ein be - leg - tes Brot mit Ei.

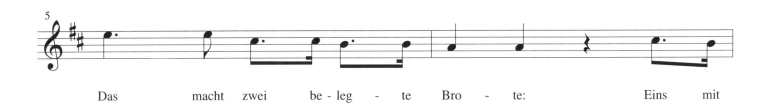

Das macht zwei be - leg - te Bro - te: Eins mit

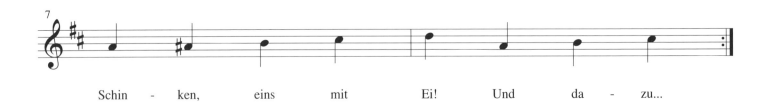

Schin - ken, eins mit Ei! Und da - zu...

Ein belegtes Brot

belegtes Brot	macht
mit	zwei
Schinken	eins
Ei	dazu

Ein belegtes Brot mit Schinken,
ein belegtes Brot mit Ei,
das macht zwei belegte Brote,
eins mit Schinken, eins mit Ei.

Und dazu...
eisgekühlte Coca-cola,
Coca-cola eisgekühlt,
eisgekühlte Coca-cola,
Coca-cola eisgekühlt!

Sample Personalized Mini-Situation:
(Max) wird der nächste "Mr. Universum." Zum Frühstück macht er ein belegtes Brot mit Ei und (Blaubeermarmelade). Dann geht er mit (name of classmate) ins (name of local gym)-Fitness-Studio. Max macht Krafttraining. (Maria) macht Sport. Dann machen die zwei Aerobik. Zum Mittag macht (Max) ein belegtes Brot mit Ei und (Bananen). (Maria) macht eine belegte Pizza mit Ei. Dann gehen die zwei in (local park). (Max) macht Joga. (Maria) macht (Karate).

Personalized Questions:

belegtes Brot Wer hier tut gern (Ketchup/Mayonnaise) auf ein belegtes Brot?
Tust du auch gern (Senf/BBQ-Soße) auf dein belegtes Brot?

mit Wer hier trinkt gern (Milch) mit (Schokolade)?
Trinkt (*) das auch gern?
Trinkt er/sie gern oder nicht gern (Kaffee) mit (Milch)?

Schinken Wer hier isst sehr gern Schinken?
Isst du gern Schinken mit Ketchup? mit Senf? mit Honig?

Ei Wer hier isst gern ein Ei zum Frühstück?
Isst (*) auch gern ein Ei zum Frühstück?

macht Wer hier macht oft (Spaghetti/Pizza/Suppe) zu Hause?
Wer hier macht die Hausaufgaben zu Hause?
Machst du die Hauseaufgaben alleine, oder macht (*) manchmal die Hausaufgaben für dich?

zwei eins Hat deine Familie zwei (Autos/Radios/Häuser) oder nur eins?

Written Comprehension Check:

CLOZE EXERCISE:

Ein belegtes _____ mit _____,

Ein _____ Brot mit _____,

das _____ zwei belegte _____,

eins mit _____,

eins _____ Ei.

Und _____

_____ Coca-cola...

FRAGEN:

1. Isst du gern oder nicht gern belegte Brote?

2. Isst du gern oder nicht gern belegte Schinkenbrote?

3. Tust du gern oder nicht gern ein Ei auf ein belegtes Brot?

4. Wenn du Pizza isst, trinkst du gern Cola dazu?

5. Trinkst du immer eisgekühlte Coca-cola? Auch im Winter?

O wie wohl

ein Kanon

O wie wohl ist mir am

A - - bend, mir am A - - bend,

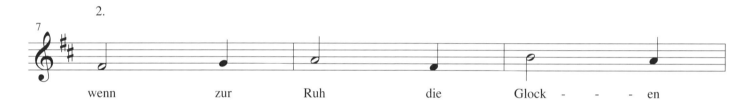

wenn zur Ruh die Glock - - en

läu - - ten, Glock - - en läu - - ten:

Bim bam bim

bam bim bam

O wie wohl
(ein Kanon)

wohl   **wenn**
mir   **Ruh**
am Abend   **Glocken**
     läuten

O wie wohl
ist mir am Abend, mir am Abend.
Wenn zur Ruh
die Glocken läuten, Glocken läuten:
Bim-bam-bim-bam-bim-bam.

Sample Personalized Mini-Situation:

(Max) ist Millionär. (Er) hat alles. Er hat eine Limousine. Er hat eine große Villa mit Swimming-Pool in (Beverly Hills). (Fritz) ist sein Diener. Am Morgen wenn Glocken läuten bringt Fritz (27) Liter Kaffee und (75) Kartons (name of cereal). Am Nachmittag wenn Glocken läuten bringt Fritz Schokolade und Kaviar. Am Abend wenn Glocken läuten bringt Steak, ein (name of energy drink) und seine schicke Tanzschuhe. Max bringt Fritz in die Disko. Sie tanzen den Boogie-Woogie.

Personalized Questions:

wohl Wer hier fühlt sich jetzt wohl/nicht wohl?
Warum fühlst du dich nicht wohl?...Hast du Hunger/Fieber?
Fühlst du dich wohl oder nicht wohl, wenn du...
-eine (Pizza) isst und viel (Schokoladenmilch) dazu trinkst?
-ins Fitness-Studio gehst?

mir Gefällt dir oder mir die Musik von (Eminem/Frank Sinatra)?

am Abend Wer hier sieht am Abend (Die Simpsons/Wheel of Fortune)?
Machst du auch am Abend die Hausaufgaben?
Was machst du lieber am Abend, (fernsehen) oder (schwimmen)?

wenn Wer hier kann (nicht) schlafen, wenn die Musik laut ist?
Kannst du auch schlafen, wenn es donnert?
Kann (*) schlafen, wenn die Musik laut ist?

Ruh Wer hier hat zu Hause seine Ruh?
Wo zu Hause hast du deine Ruh?
Hast du deine Ruh (im Wohnzimmer/Keller/WC)?
Hat (*) oft oder selten Ruh zu Hause?

Glocken Läuten Glocken hier in (Madison)?
läuten Läuten Glocken in (Middleton/Deutschland)?
Wer hier geht sonntags in die Kirche?
Läuten Glocken in deiner Kirche?
Läuten Glocken bei dir zu Hause?

Written Comprehension Check:

CLOZE EXERCISE:

O wie _____

ist mir am _____,

_____ am _____,

_____ zur Ruh

die _____ läuten,

_____ läuten: Bim-bam-bim-bam-bim-bam.

FRAGEN:

1. Ist dir wohl oder nicht wohl am Abend?

2. Läuten die Glocken am Vormittag oder am Abend?

3. Ist es laut oder ruhig am Abend?

4. Läuten die Glocken in deiner Nachbarschaft (neighborhood)?

5. Läuten die Glocken in deiner Stadt? Wann?

Abendstille überall

ein Kanon

A - - - - bend - - - stil - - - - - le

ü - - - - - ber - - - all,

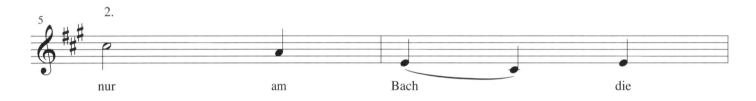

nur am Bach die

Nach - - - - - ti - - - gall

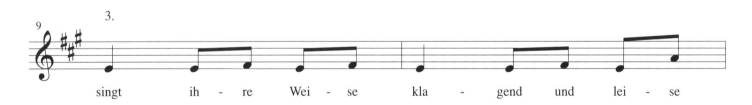

singt ih - re Wei - se kla - gend und lei - se

durch das Tal.

22

Abendstille überall
(ein Kanon)

Abendstille   **singt**
überall   **ihre**
nur   **klagend**
Bach   **leise**
Nachtigall   **durch**
    Tal

Abendstille überall,
nur am Bach die Nachtigall
singt ihre Weise
klagend und leise
durch das Tal.

<u>**Sample Personalized Mini-Situation:**</u>
(Maria) wohnt in einem Tal. Das Tal heißt Death Valley. Maria hat eine Nachtigall. Sie heißt (Susi). Susi die Nachtigall singt laut und jodelt überall. Sie ist nicht leise. Das ist ein großes Problem für Maria. Maria möchte eine neue Nachtigall, die leise singt. Sie geht in (department store). Sie sucht überall nach Nachtigallen. Sie findet keine. Dann geht sie in (other store). Sie sucht überall nach Nachtigallen. Sie findet eine schöne Nachtigall. Die schöne Nachtigall kostet nur €14,95. Aber sie stinkt. Dann hört Maria etwas, was schön singt. Das Singen kommt von dem Tal. Maria läuft schnell ins Tal. Sie findet einen singenden Frosch. Sie bringt den Frosch nach Hause zu Susi. Susi frisst den Frosch.

Personalized Questions:

Abendstille Gibt es hier in (Roseville) oft oder selten Abendstille?
In welcher Stadt gibt es keine Abendstille?
    Findest du das gut oder schlecht?

überall Gibt es überall in (Amerika) (Bäume/Berge/Seen/McDonalds)?
    Wo in (Amerika) gibt es keine (Berge/Seen)?
Bei wem hier gibt es zu Hause überall (Bücher/Legos/CDs)?

nur Bei wem hier gibt es zu Hause nur im (Wohnzimmer/Keller) (CDs/Legos)?
Wer hier isst bei (McDonald) nur (BigMäcs/Pommes/Hamburger)?
    Isst du die nur mit Ketchup?
    Isst du die nur mit Ketchup, oder mit Ketchup und Senf?

Bach Gibt es hier in (Appleton) ein Bach?
Gibt es in der Nähe von (Appleton) ein Bach?
    Weißt du, wie dieses Bach heißt?
    Kann man in diesem Bach schwimmen, oder ist es zu (dreckig)?

Nachtigall Gibt es hier in (Appleton) Nachtigalle?
Wer hier weiß, wie ein Nachtigall singt?
    Singt ein Nachtigall so? (imitate an owl or whip-poor-will)

singt Wer hier singt (nicht) gern/gut?
    Singt (*) gern/gut?
    Wer singt besser, (*) oder (*)?
Welche/r Lehrer/in an dieser Schule singt (sehr/nicht sehr) gut?

ihre Wer hier hat eine (Schwester/Mutter/Tante/Oma), die viele schicke
    Klammotten hat?
    Sind alle ihre (Hemden/Socken) (weiß/grau/lila)?
Hat (*) auch schicke Klammotten?
    Findest du wirklich alle ihre Klammotten schick?
    Findest du ihre (Röcke/Hemden) nicht altmodisch?

klagend Wer hier putzt (die Toilette) gern? Und wer hier putzt (sie) klagend?
    Und dein/e (*), macht sie/er das gern oder klagend?
    Machst du die Hausaufgaben gern oder klagend?

leise Wer hier ist meistens laut zu Hause? Und wer hier ist relativ leise?
    Und bist du meistens laut oder leise in (Mathe/Englisch)?
    Und (*)...ist er/sie meistens laut oder leise?

durch Wo in (Wisconsin) kann man durch einen (Tunnel/großen Wald) fahren?
    Bist du schon durch diesen (Tunnel) gefahren?
    Bist du mit dem Auto oder Rad durch den (Tunnel) gefahren?

Tal Gibt es hier in (Colorado) ein schönes Tal?...Wie heißt das Tal?
Wo in (Amerika) kann man das schönste Tal sehen?

Written Comprehension Check:

CLOZE EXERCISE:

Abendstille _____,

_____ am _____

die Nachtigall

_____ ihre Weise

klagend _____ _____

_____ das _____.

FRAGEN:

1. Ist es laut oder still am Abend?

2. Ist es überall still? Wo ist es nicht still?

3. Was kann man noch hören?

4. Singt die Nachtigall laut oder leise?

5. Singt die Nachtigall im Tal oder auf einem Berg?

Guten Morgen

ein Kanon

1.
Gu - ten Mor - gen, gu - ten
Mor - gen, gu - ten Mor - gen, mein

2.
Lieb - chen. Komm her - aus nun, aus dem
Haus nun, komm her - aus nun aus dem

3.
Stüb - chen, denn die Sonn', denn die
Sonn', denn die Son - ne ist da.

Guten Morgen
(ein Kanon)

Morgen   **Stübchen**
Liebchen   **denn**
komm   **die Sonne**
aus   **da**
Haus

Guten Morgen, guten Morgen,
guten Morgen, mein Liebchen!
Komm heraus nun
aus dem Haus nun,
komm heraus nun
aus dem Stübchen!
Denn die Sonn', denn die Sonn',
denn die Sonne ist da.

Sample Personalized Mini-Situation:
(Max) hat ein Häuschen in (Okoboji). Er kommt aus dem Häuschen. Der Morgen ist wunderschön. Die Sonne ist da. Max ruft: "Du, (Maria)! Komm aus dem Häuschen! Aber Maria kommt nicht aus dem Häuschen. Maria bleibt in dem Stübchen. Max ist traurig, denn Maria ist sein Liebchen. Max geht in (name of fast food restaurant). Er holt (213) (food item). Er geht zurück zum Häuschen. Er ruft wieder: "Du, Maria! Komm aus dem Häuschen! Ich habe (food item) geholt!" Aber Maria kommt nicht aus dem Häuschen. Sie bleibt im Stübchen.
    (repeat as desired, using "funny" food items)
Endlich kommt Maria aus dem Stübchen. Sie kommt aus dem Häuschen. Sie küsst Max. Sie sagt: "Schönen guten Morgen, mein Liebchen!" Sie verschlingt alle (donut holes) in (7) Sekunden.

Personalized Questions:

Morgen   Wer hier (schwimmt/joggt) jeden Morgen?
        (Schwimmt/Joggt) (*) auch jeden Morgen mit dir?
        Was macht (*) auch noch jeden Morgen?
        Was machst du nie jeden Morgen?

Liebchen   Wer hier ist ein Liebchen für seine/n (Oma/Vater)?
        Bist du auch ein Liebchen für deine/n (Opa/Mutter)?
    Wer in Hollywood ist das Liebchen von (*)?

komm   (do TPR for this command)

aus   Wer hier kommt aus (Iowa)?
        Kommt dein/e (Mutter/Opa) auch aus (Iowa)?
    Kommt (*) aus (Deutschland) oder aus (der Schweiz)?

Haus   Wer hier wohnt in einem Haus?
        Ist dein Haus (alt oder neu/almodisch oder modern)?
        Findest du dein Haus schön oder häßlich?

Stübchen   Gibt es in deinem Haus ein Stübchen?
            Was macht ihr im Stübchen?
            Gibt's einen Fernseher im Stübchen?

denn   Ich möchte (50) (Burritos) essen, denn ich habe großen Hunger!
        Und du? (elicit similar examples)

die Sonne   Wer hier kommt aus (Minnesota)?
        Sieht man dort im Winter oft oder selten die Sonne?

da   Sitzt normalerweise "Fritz" da? (point to desk)
    Wer sitzt nie da?

Written Comprehension Check:

CLOZE EXERCISE:

Guten _____, _____ Morgen,

_____ _____, mein _____!

Komm _____ nun,

aus dem _____ nun,

_____ heraus nun,

aus _____ Stübchen!

_____ die Sonn', _____ die Sonn',

_____ die _____ ist _____.

Mein Lieblingslied

Brent Bruning

Mein Lieblingslied
(ein lustiger Rocksong
von Brent Bruning)

stand...auf	**bis**
um 8.15 Uhr	**Lieblingslied**
angezogen	**8.45 Uhr**
angemacht	**kam**
um halb	**läuft**
gefrühstückt	**war**
müd' (müde)	

Ich stand heute auf, um viertel nach acht,
ich hab' mich angezogen
und das Radio angemacht.
Um halb hab' ich gefrühstückt,
war noch etwas müd',
bis dreiviertel neun,
da kam mein Lieblingslied!

La-la-la-la-la-la, so läuft das Lied!
Dugadugaduga, so läuft das Lied!
Schabidubiwop, so läuft das Lied!
O-oh bau, badap, so läuft das Lied!

Sample Personalized Mini-Situation:
(Max) steht um viertel nach acht auf. Er ist müde. Er macht das Radio
an. Er möchte "(name of pop song)" hören. Das ist sein Lieblingslied.
Aber das Lied kommt nicht. Max läuft schnell zu seinem besten Kumpel
(Fritz). Fritz hört "(name of schmalzy pop song)." Das ist sein
Lieblingslied. Max kotzt. Dann geht Max nach (Hollywood). Er geht
zum Haus von (current pop star). (Pop star) steht auf und läuft zur Tür.
Er/Sie ist müde. Er/Sie öffnet die Tür und sieht Max. (Pop star) schreit:
"Hallo, Max, mein Lieblingsfan!" (Pop star) singt "(name of song)" und
Max spielt Luft-Gitarre.

Personalized Questions:

stand...auf   Wer hier stand heute um (6) Uhr auf?

         Ist das früh oder spät für dich?

         Und stand (*) auch um (6) Uhr auf?

um 8.15 Uhr   Wer hier war um *viertel nach acht* in (Mathe)?

         Habt ihr genau um viertel nach acht (einen Test geschrieben)?

         Und wo war (*) heute um viertel nach acht?

angezogen   Was meint ihr, hab' ich mich heute schön oder schlampig angezogen?

         Und hat sich heute (teacher) auch (schön/schlampig) angezogen?

angemacht   Wer hier hat heute beim Aufstehen (ein Radio/einen Fernseher) angemacht?

         Hat heute (*) auch (ein Radio/eine Kaffeemaschine) angemacht?

um halb   Wer hier hatte/hat um halb (8/9/10) (Mathe/Sport)?

         Hatte/hat (*) auch um halb (Mathe)?

gefrühstückt Wer hier hat heute (nicht) gefrühstückt?

         Hast du (Corn Flakes/Toastbrot) gegessen?

         Hat (*) auch (nicht) gefrühstückt?

war   Wer hier war heute schon im (Fitness-Studio/Matheunterricht)?

         War es dort schön? Was hast du gemacht?

müde   Wer hier war (gestern/heute) um (halb 8) müde?

         War (*) auch müde? Warum war er/sie müde?

bis   Warst du bis (11) Uhr müde?

8.45 Uhr   Wer hier hatte/hat um *dreiviertel neun* (Mathe/Sport)?

         Warst du müde oder wach?

kam   Wer hier kam gestern nach der Schule (früh/spät) nach Hause?

         Kam (*) auch (früh/spät) nach Hause? Warum?

Lieblingslied Ist ("Yankee Doodle") dein Lieblingslied?

         Was ist denn dein Lieblingslied?

         Was ist das Lieblingslied von (*)?

läuft   Wer hier läuft jeden Tag (5) bis (10) Kilometer?

         Läuft (*) auch jeden Tag (5 – 10) Kilometer?

         Läuft sie/er mit dir oder läuft sie/er allein?

         Wieviel Kilometer läuft sie/er jede Woche?

Written Comprehension Check:

CLOZE EXERCISE:

Ich _____ heute _____, um _____ nach acht,

ich _____ mich _____ und das Radio _____.

Um _____ hab' ich _____,

war noch etwas _____,

bis _____ viertel _____,

da _____ mein _____!

Lalalalalala, so _____ das _____!

MULTIPLE CHOICE EXERCISE:

1. Ich stand heute auf um viertel _____ acht.
   (vor/nach)

2. Ich hab' mich _____ und das Radio _____.
   (ausgezogen/angezogen)   (angemacht/kaputtgemacht)

3. Um _____ hab' ich gefrühstückt.
   (viertel nach/halb/viertel vor)

4. Ich _____ noch etwas müde.
   (waren/war/warst)

5. Bis dreiviertel neun, da kam _____ Lieblingslied!
   (dein/sein/ihr/mein/unser)

33

Sieben Tage lang

Traditional

Sieben Tage lang

sollen	**lasset (lasst)**
trinken	**zusammen**
sieben	**rollt**
Tage	**Fass**
haben	**herein**
Durst	**allein**
genug	
für	

Was sollen wir trinken,
sieben Tage lang?
Was sollen wir trinken, wir haben Durst!
Es ist genug für alle da,
d'rum lasset uns trinken,
rollt das Fass herein!
Wir trinken zusammen, nicht allein!

Sample Personalized Mini-Situation:
(Maria) und (Max) haben Hunger. Sie haben Bock auf (name of junk food). Sie gehen zusammen in (name of gas station). Sie kaufen sieben Kilo (junk food). Sie essen das in sieben Sekunden. Jetzt haben Maria und Max Durst. Sie haben Bock auf (Kakao/Kräutertee). Es gibt keinen (Kräutertee) bei (gas station). Was sollen sie trinken? Sie gehen zusammen in (local restaurant). Sie trinken sieben Tassen Kräutertee zusammen. Das ist nicht genug. Sie haben noch Durst. Sie trinken noch sieben Tassen Kräutertee zusammen. Sie trinken sieben Tassen Kräutertee sieben Tage lang. Das ist genug. Dann gehen Maria und Max zu (local park). Sie schlafen sieben Jahre lang.

Personalized Questions:

sollen   Sollen wir für einen Test in (Mathe) viel oder wenig lernen?
Sollen deine Eltern zu Hause (Staub saugen), oder sollst du das machen?

trinken   Sollen wir jeden Tag viel oder wenig (Wasser/Milch/Bier) trinken?

sieben   Sollen wir jeden Tag sieben Gläser oder sieben Liter Wasser trinken?
Wer von euch hat sieben (Hunde/Katzen/Fahrräder) zu Hause?

Tage   Wer von euch kann sieben Tage lang ohne (Cola/Pizza/Mathe) leben?
Kannst du drei Tage lang nur Deutsch sprechen?

haben   Haben (*) oft oder selten Durst?
Haben sie viel (Cola/Mineralwasser) zu Hause?

Durst   Wer hier hat jetzt Durst?
Möchtest du jetzt einen Liter (Orangensaft) trinken?

genug   Ist ein Liter genug für dich, oder willst du mehr?

für   Ist ein Liter (Limo/Kaffee) genug für alle hier?
Was meinst du, sind (5) Liter (Limo) genug für uns?

lasst   (TPR:) "Kommt, lasst uns (40 Colas trinken/100 Hamburger essen)!"

herein   (TPR:) "Heike und Heiko, rollt ein Fass (Cola/Bier) herein, und trinkt es!"

zusammen   Wer von euch geht zusammen mit der Familie ins (Kino/Theater)?
Geht ihr oft oder selten zusammen ins (Kino)?
Esst ihr oft oder selten zusammen zu (Abend/Mittag)?
Gehst du oft oder selten mit deinen Freunden zusammen ins (Kino)?"

allein   Gehst du manchmal allein ins Kino?
Wer hier geht nie allein ins (Kino/Restaurant)?
Geht (*) oft allein (in die Disko/ins Kino/ins Restaurant)?

Written Comprehension Check:

CLOZE EXERCISE:

Was _____ wir _____,

sieben _____ lang?

Was _____ wir _____,

wir haben _____ !

Es ist _____ für _____ da,

d'rum _____ uns trinken,

_____ das Fass _____!

_____ trinken _____, nicht _____!

Die Menschenliebe

- Du, du liegst mir im Herzen
- Viel Glück und viel Segen
- Ruf doch mal an
- Freunde, nun macht einen großen Kreis
- Wie schön blüht uns der Maien

Du, du liegst mir im Herzen

ein Volkslied

39

Du, du liegst mir im Herzen

liegst　　　**Schmerzen**

mir　　　**machst**

im Herzen　　　**viel**

im Sinn　　　**weißt**

machst　　　**nicht**

viel　　　**gut**

dir

Du, du liegst mir im Herzen,
du, du, liegst mir im Sinn,
du, du machst mir viel Schmerzen,
weißt nicht, wie gut ich dir bin.
Ja, ja, ja, ja,
weißt nicht, wie gut ich dir bin.

Sample Personalized Mini-Situation:
(Maria) hat viel Schmerzen. Sie hat Liebesschmerzen. Sie hat (name of celebrity) im Herzen und im Sinn. Sie weiß nicht, was sie machen soll. Sie fliegt nach Rom. Sie spricht mit dem Papst. Der Papst weiß nicht, was Maria machen soll. Sie fliegt nach Japan. Sie spricht mit einem Zen-Meister. Auch der Zen-Meister weiß nicht, was Maria machen soll. Der Zen-Meister haut Maria auf die Schulter. Das macht Maria viel Schmerzen. Aber das bringt ihr eine tolle Idee. Sie fliegt nach Hollywood. Sie spricht direkt mit (celebrity). (Celebrity) gibt ihr ein großes Foto. Maria weiß nicht, was sie tun soll. Sie küsst das Foto. Maria nimmt (celebrity) bei der Hand. Sie gehen nach (Las Vegas) und heiraten.

Personalized Questions:

liegst   Wer hier liegt (nicht) gern auf dem (Sofa/Bett)?

           Wo liegst du lieber, auf dem (Sofa/Fußboden) oder auf dem (Bett/Gras)?

mir/dir   (grab a school item) Diese/r/s (Kuli/Stift) hier, gehört er dir oder mir?

im Herzen Wer hier hat (Angst/Liebe/*) im Herzen?

im Sinn   Wer hier hat (jeden Tag/einmal in der Woche) (*) im Sinn?

machst   Wer von euch macht oft Sport?

           Welches machst du öfter, Sport oder Hausaufgaben?

           Machst du oft (Erdnußbutterbrote/Spaghetti) zu Hause?

viel   Machst du viel oder nicht viel (Sport)?

           Und (*), macht er viel oder wenig (Sport)?

Schmerzen Welche/r (Football)spieler/in hat jetzt viel Schmerzen?

           Hat sie/er sich am (Arm) verletzt?

           Wo hat er/sie viel Schmerzen?

weißt   Weißt du, wo (*) wohnt?

nicht   Weißt du oder weißt du nicht, wo (Istanbul) liegt?

gut   Wer hier findet die (Pizza/Burritos) bei (Restaurant) sehr gut?

           Und die (Pommes) dort, sind sie auch sehr gut?

Written Comprehension Check:

CLOZE EXERCISE:

Du, du _____ mir im _____,

du, du _____ mir im _____,

du, du _____ mir _____ Schmerzen,

_____ nicht, wie _____ ich dir _____.

MULTIPLE CHOICE EXERCISE:

1. Du, du _____ mir im Herzen.
    (liege/liegst/liegt/liegen)

2. Du, du _____ mir viel Schmerzen.
    (mache/machst/macht)

3. _____ nicht, wie gut ich dir _____.
    (Weißt/weiß/wissen)   (bist/sind/ist/bin/seid)

Viel Glück und viel Segen

Werner Gneist

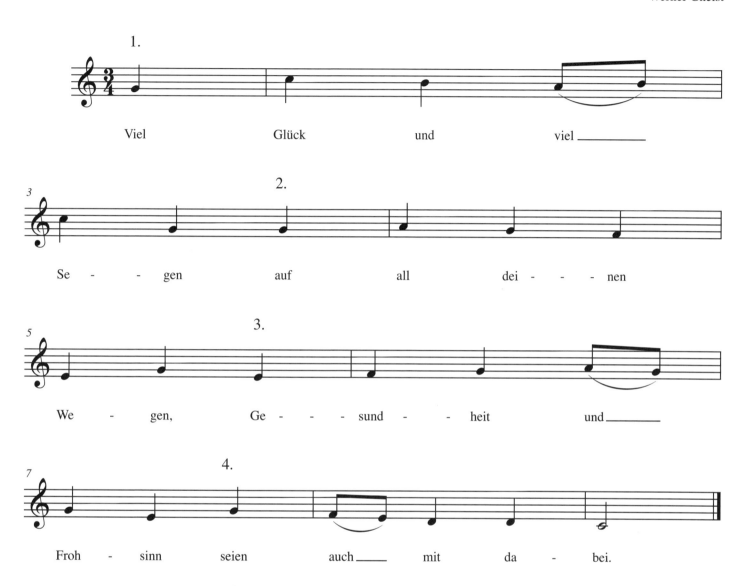

Viel Glück und viel

Se - gen auf all dei - - nen

We - gen, Ge - - sund - - heit und

Froh - sinn seien auch mit da - bei.

Viel Glück und viel Segen
(ein Kanon)

viel Glück
Segen
Weg
Gesundheit
froh
auch dabei

Viel Glück und viel Segen
auf all' deinen Wegen,
Gesundheit und Frohsinn
sei'n auch mit dabei.

Personalized Mini-Situation:

(Lola) traniert jeden Tag nach der Schule. Sie läuft 356 Kilometer auf allen Wegen in (Springfield). Sie will morgen in Springfield in einem Marathonlauf rennen. Ihre Gesundheit ist fantastisch. Aber Lola ist nicht froh. Der Weg in einem Marathonlauf ist sehr lang, und sie will im Marathonlauf gewinnen. Sie glaubt (believes), sie braucht viel Glück und viel Segen für den Marathonlauf.

Lola hat eine Idee. Sie will zur Kirche gehen. Sie will einen Segen von der Kirche. Auf dem Weg zur Kirche trifft (meets) sie einen Bettler. Der Bettler heißt (Fritz). Fritz gibt Lola einen kleinen Marienkäfer. Er sagt: "Mein Marienkäfer bringt dir viel Glück!" Lola ist froh.

Dann geht Lola zur Kirche. Auf dem Weg in die Kirche trifft sie eine Nonne. Lola sagt: "Ach, Schwester, ich brauche einen Segen für den Marathonlauf morgen!" Die Nonne legt die Hand auf Lolas Kopf, und sie erteilt (gives) ihr einen Segen. Der Segen ist nicht auf Deutsch. Der Segen ist auf Latein. Lola versteht den Segen nicht, aber sie ist trotzdem sehr froh.

Am nächsten Tag geht Lola zum Marathonlauf. Sie hat den Segen, und der Marienkäfer ist auch mit dabei. Alle ihre Freunde sind auch dabei. Sie rufen: "Lola, viel Glück und viel Segen!" Der Marathonlauf beginnt. Lola rennt sehr schnell im Marathonlauf. Lola rennt am schnellsten, und sie gewinnt! Lola ist total froh.

Personalized Questions:

viel Glück   Wer hier hat immer viel Glück beim (Karten)spielen?
                      Hat (*) auch viel Glück beim (Karten)spielen?
                Wer von euch braucht viel Glück für einen Test in (Mathe/Englsich)?

Segen   Was sind die besten Segen im Leben?
                      Ist die Schule auch ein Segen in deinem Leben?

Weg   Ist der Weg von hier nach (Omaha) ein sehr langer Weg?
                      Ist der Weg von hier nach Hause ein langer Weg für dich?

Gesundheit   Ist die Gesundheit auch ein Segen?
                      Ist deine Gesundheit ein großer Segen für dich?
    Ist Laufen gut oder schlecht für die Gesundheit?
                      Was ist (gut/schlecht) für die Gesundheit?

froh   Wer von euch ist (nicht) froh heute?
                      Warum bist du heute (nicht) froh?

auch dabei   Wer hier hat einen (Bleistift/Apfel) heute dabei?
                      Hast du auch (einen Kuli/eine Banane) dabei?
    (holding keys:) Ich habe meine Schlüssel dabei...Wer hier hat auch
                Schlüssel dabei?
    Wer hier hat (20) Dollar dabei?

Written Comprehension Check:

CLOZE EXERCISE:

Viel _____ und _____ Segen

auf all' _____ Wegen,

_____ und Frohsinn

sei'n _____ mit _____.

Ruf doch mal an
(ein Rocksong von den Wise Guys)

Musik: Edzard Hüneke Text: Daniel Dickopf
CD: *Alles im grünen Bereich*, EMI 1997

wartet auf ein
Lebenszeichen von

als sie Kinder waren

will wissen,
was aus ( ) geworden ist

Ruf doch mal an, oder schreib mir 'ne Karte,
weisst du nicht, wie sehr ich auf ein Lebenszeichen warte?

Schick mir ein Fax und ,ne E-mail gleich dahinter,
ich bin voll erreichbar, Frühing, Sommer, Herbst und Winter.

Ruf doch mal an, ich sag' es dir ganz deutlich,
ist es auch ein Ferngespräch, die Telekom, die freut sich.

About the Wise Guys:

The Wise Guys, a five-member German a-cappella group from Cologne, perform a variety of witty songs that are excellent for teaching German language and modern German culture. The band has a good homepage with many links regarding their music: www.wiseguys.de. Their recordings, including *Ruf doch mal an*, can be purchased on-line directly from their website or from www.amazon.de .

(Max) sitzt zu Hause (auf der Couch) und liest die Post. Er nimmt einen Umschlag und öffnet ihn. Es ist kein Brief oder keine Karte. Es ist die Telefonrechnung von der Telekom. Er sieht sich die Rechnung an und schreit: „Was?!? € 1.472?!?!! Habe ich wirklich so viele Ferngespräche nach (Hollywood) gemacht?!??" Max ist traurig. Er wartet auf ein Lebenszeichen von (Britney Spears). Er wartet schon seit 7 Jahren auf ein Lebenszeichen von Britney, aber keine sind gekommen—kein Fax, keine E-Mails, keine Briefe, keine Karten. Und sie ruft ihn nicht an! Max ist sehr traurig.

Er geht zum Schreibtisch. Er nimmt aus der Schublade ein Foto. Es ist ein altes, angestaubtes Foto von Max und Britney. Im Foto waren sie damals 18 Jahre alt. Es war ein sonniger Tag. Max weint und schreit: „Britney, bitte, RUF MICH DOCH MAL AN!!" Aber sie ruft ihn nicht an. Sie hat Max total vergessen. Und wer war Britney?

Als Max und Britney Kinder waren, waren sie beste Freunde. Im Kindergarten haben sie (Doktor) gespielt. Und im Winter haben sie Schneebälle geworfen—aber sie haben auf keine Autos gezielt, sondern sie haben auf den Nachbarn gezielt. Der Nachbar war immer sehr böse! Als sie in der Schule waren, hat sich Max in Britney verliebt. Er hat geglaubt, sie waren ein Herz (♥) und eine Seele. Aber das war falsch— Britney hat sich in Max nicht verliebt. Als sie 18 waren, ist Britney nach Hollywood gezogen. Sie ist Filmstar geworden, und hat Max total vergessen. Max ist nicht nach Hollywood gezogen, sondern er ist in (Kiel) geblieben. Er ist Schriftsteller geworden. Er hat schon 58 heiße Liebesromane geschrieben.

Jetzt ist es 7 Jahre her seit dem Tag im Foto. Jetzt will Max wissen, was aus Britney geworden ist. Max weint und schreit: „Britney hat mich vergessen! Sie liebt mich nicht mehr! Oh, Britney, was ist aus dir geworden?!???" Aber es ist still im Haus, und Max ist allein. Er seufzt laut. Dann zieht er sich aus, isst ein bisschen (Müsli), und geht seufzend ins Bett.

Personal Questions:

wartet auf (ein Lebenszeichen von)

Wer hier hat schon lange auf ein Lebenszeichen gewartet?

Wie lang hast du auf das Lebenszeichen gewartet? Ein Jahr? Zwei Jahre?

Wer hier hat lange auf ein Lebenszeichen von (*) gewartet?

Was für ein Lebenszeichen war das?

Wer hat dir dieses Lebenszeichen geschickt?

Wer von euch hat nie auf ein Lebenszeichen gewartet?

als sie Kinder waren

Wer hier hat nicht hier in (Buffalo) gelebt, als er oder sie ein Kind war?

Wo hast du gelebt, als du ein Kind warst?

Was hast du gespielt, als du ein Kind warst?

Wo haben deine (Eltern/besten Freunde) gelebt, als sie Kinder waren?

Haben sie (Twister) gespielt, als sie Kinder waren?

Was haben sie (gespielt), als sie Kinder waren?

will wissen, was aus ( ) geworden ist

Wer von euch weiß, was aus (Präsidenten Carter) geworden ist?

Ist er (Priester/Filmstar) geworden?

Was ist aus (ihm/ihr) geworden?

Wer hier will wissen, was aus (Meatloaf) geworden ist?

Ist dein/e (Mutter) (Präsidentin von den USA) geworden?

Was ist aus (ihr/ihm) geworden?

Als du Kind in der Schule warst, wer war dein/e Lieblingslehrer/in?

Weißt du, was aus (ihr/ihm) geworden ist? Ist (er) noch Lehrer?

Willst du (ihr/ihm) ein Lebenszeichen von dir schicken?

(Written Comprehension Check)

CLOZE EXERCISE:

Ruf doch mal _____, oder schreib mir ´ne _____,

weißt du _____, wie sehr ich auf ein Lebenszeichen _____?

Schick _____ ein Fax, und ´ne E-Mail _____ dahinter,

ich bin voll erreichbar, _____, Sommer, _____ und Winter.

_____ doch mal an, ich sag´ es dir _____ deutlich,

ist es auch ein _____, die Telekom, die _____ sich!

Ein _____, das in _____ Schublade lag:

Du und ich mit _____, ein sonniger _____.

Wir würden uns bald _____, das haben wir _____....

Das Foto _____ inzwischen ziemlich _____.

Wieviel _____ ist das her? Ich _____, es sind sieben!

Du zogst in die _____ hinaus, und ich bin _____.

Ich hab dich fast _____, dann _____ ich dich vermisst,

jetzt _____ ich wissen, was aus dir _____ ist!

  (Ruf doch mal an…)

Wir haben _____ im Kindergarten Doktor _____

Und mit einem _____ auf den _____ gezielt.

Später in der _____: ein _____ und eine Seele;

ich würd´ gern _____, ob ich dir ein _____ wenig fehle.

Wir _____ grundverschieden, doch das hat uns _____ gestört,

leider _____ du meine _____ nie ganz erhört.

*We are grateful to our friends the Wise Guys for being able to include
this song in our manual. For more information, see www.wiseguys.de

Freunde, nun macht einen großen Kreis

Lagerfeuerlied

Freunde, nun macht einen großen Kreis
(ein Rocksong aus Ostdeutschland)

Freunde	**uns**
macht	**willkommen**
Kreis	**setz dich**
zünden...an	**neben**
Feuer	**Platz**
hell	**viele**
soll	**schön**
brennen	**da**
rot	**darum**
heiß	**bleib**
weit	**stumm**
sehen	**Sprache**
kann	**finden**

(Refrain)
Freunde, nun macht einen großen Kreis,
Freunde, wir zünden ein Feuer an.
Hell soll es brennen, so rot und heiß,
dass man's weit draußen sehen kann.
(1. Strophe)
Sei uns willkommen, setz dich neben mich,
Platz ist noch für viele da.
Schön, dass du da bist,
darum bleib nicht stumm,
eine Sprache finden wir ja.

Sample Personalized Mini-Situation:
(Maria) und (Max) sind beste Freunde. Sie machen ein Picknick. Sie gehen nicht zum (local park). Sie bleiben zu Hause. Sie machen ein Picknick neben dem Haus. Sie möchten Tofu-Dogs grillen. Sie brauchen ein Feuer. (Max) zieht seine Schuhe aus. Er zündet seine Schuhe an. Das Feuer brennt rot. Aber das Feuer brennt nicht hell. Maria gießt Benzin aufs Feuer. Das Feuer brennt sehr hell. Das Feuer ist rot und heiß. Maria setzt sich neben Max. Sie grillen 5.899 Tofu-Dogs. Aber sie brennen 5.897 Tofu-Dogs. Sie gehen in (local pizza place).

Personalized Questions

Freunde	Wer von euch hat gute Freunde in (Chicago)?
	Hast du auch gute Freunde in (Denver)?
macht	Wer hier macht im (Winter) mit den Freunden (Snowboarding/Camping)?
	Macht (*) das auch mit dir?
Kreis	(TPR:) "Macht einen (großen/kleinen) Kreis dort!"
zünden...an	Wer von euch zündet zu Hause ein Feuer an?
Feuer	Zündest du das Feuer an, oder zündet (*) das Feuer an?
hell	Und brennt das Feuer sehr hell?
	Brennt ihr Papier, um das Feuer hell zu machen?
soll	Soll (Papier/Benzin) hell oder dunkel brennen?
brennen	Soll (Pappe) auch hell brennen? Was soll hell brennen?
rot	Soll ein großes Feuer hell und rot brennen?
	Nur rot? Welche Farben hat ein helles Feuer?
heiß	Ist ein heißes Feuer auch rot? Welche Farbe hat ein heißes Feuer?
weit	Wer hier wohnt weit von der Schule?
sehen	Kannst du (die Schule) von deinem Haus sehen?
kann	Kann (*) (die Schule/Madison/Berge) von deinem Haus sehen?
	Oder ist es zu weit von deinem Haus?
willkommen	Sind alle deine Freunde in deinem Haus willkommen?
	Wer von euch fühlt sich (sehr/nicht sehr) willkommen an dieser Schule?
	Fühlst du dich willkommen bei (McDonald), oder nicht?
	Wo fühlst du dich nicht willkommen?
setz dich	(do individual TPR for this command:
neben	e.g. "Du, Maria, *setz dich neben* Franz!"
Platz	"Du, Heiko, *Platz* ist noch für dich <u>da</u>. *Setz dich* **<u>da</u>**, *neben* Ute!")
viele	Ist Platz für (20) Personen da? Ist Platz für viele da?
schön	Wer hier findet (diese Schule/Stadt) schön?
da	Für wie viele Personen ist Platz da, in diesem Zimmer?
	Findest du es schön da, in diesem Klassenzimmer?
darum	(elicit similar examples for: "Ich esse total gern (Burritos).
	Darum gehe ich (ein)mal in der Woche in...")
bleib	(do TPR: e.g. "Komm her! Nein, *bleib* da!")
stumm	Wer von euch ist meistens stumm in (Mathe/Englisch)?
	Bist du auch stumm zu Hause, oder sprichst du viel?
	Und (*)? Ist sie/er stumm, oder spricht sie/er viel?
eine Sprache	Spricht sie/er nur eine Sprache? Welche Sprache(n)?
finden	Finden (*) es toll, dass du mehr als nur eine Sprache kannst?
	Was meint ihr, finden wir viele oder wenige hier in (Omaha), die nur eine Sprache sprechen? Findet ihr das gut oder schlecht?

Written Comprehension Check:

CLOZE EXERCISE:

Freunde, nun _____ einen großen _____!

Freunde, wir _____ ein Feuer _____.

Hell _____ es _____, so rot und _____,

dass man's _____ draußen sehen _____.

Sei uns _____, setz _____ neben _____!

Platz ist _____ für _____ da.

_____, dass du _____ bist,

darum _____ nicht stumm!

Eine _____ finden _____ ja!

TRUE/FALSE EXERCISE: "Stimmt!" oder "Stimmt nicht!"

1. Platz ist für zwei oder drei Personen im Kreis.
2. Das Feuer soll hell, heiß und grün brennen.
3. Viele Leute sollen das Feuer von weit draußen sehen.
4. Es ist schön, dass wir alle in einem großen Kreis um ein Feuer sitzen.
5. Die eine Sprache, die wir finden, ist Englisch.

Wie schön blüht uns der Maien

aus Frische Teutsche Liedlein

Wie schön blüht uns der Maien
(ein schönes Volkslied aus dem
16. und 17. Jahrhundert)

schön	**wär's (wäre es)**
blüht	**bei**
der Maien	**ihr**
Sommer	**wohl**
fährt	**nur**
mir	**an**
ist...gefallen	**denke**
Jungfräulein	**Herz**
Sinn	
freudenvoll	

Wie schön blüht uns der Maien,
der Sommer fährt dahin.
Mir ist ein schönes Jungfräulein
gefallen in meinen Sinn.
Bei ihr da wär's mir wohl,
wenn ich nur an sie denke.
Mein Herz ist freudenvoll.

<u>Sample Personalized Mini-Situation:</u>
(Max) ist bei seiner Oma in (Moose Jaw). Ihr ist nicht wohl. Sie will nur tanzen. Sie kann aber nur liegen. Sie ist im Winter aufs Eis gefallen. Max fährt seine Oma nach Arizona. Arizona ist schön. Er fährt sie in die Berge. Max fährt sie zu einem Heilpraktiker. Der Heilpraktiker heißt (Fritz). Fritz schlägt dreimal auf sein Herz. Er legt seine Hand auf die Stirn von Oma. Er ruft: "Oma ist sehr schön!" Er singt ("Twinkle Twinkle, Little Star"). Oma steht auf. Sie kann tanzen. Aber sie kann nur tanzen. Sie kann nicht gehen. Sie kann nur tanzen. Sie fährt mit Max und Fritz in die Disko. Oma tanzt sehr schön.

Personalized Questions:

schön	Wer hier findet (das Wetter/die Schule) schön?
	Findest du (Appleton/*) auch schön?
blüht	Blüht (eine Rose) hier an der Schule/bei dir zu Hause?
	Findest du (Rosen) schön?
der Frühling	Welche Blume blüht hier im (Frühling/Sommer)?
der Sommer	Wer hier findet den (Frühling/Sommer) schön?
	Welche findest du schöner, den Frühling oder den Sommer?
	Warum findest du den (Sommer) schöner?
fährt	Wer hier fährt im (Sommer) in (die Berge/den Wald)?
	Wohin fährst du? Ist es dort schön?
	Fährt (*) mit dir?
mir	Fährt (*) mit dir oder mit mir?
ist...gefallen	Wer hier ist schon mehr als (3) Meter gefallen?
	Wieviel Meter bist du gefallen?
	Ist (*) auch mehr als (3) Meter gefallen?
	Ist sie/er vom Bett gefallen?
Jungfräulein	Gibt es in Hollywood ein schönes Jungfräulein?
	Ist (*) ein schönes Jungfräulein?
Sinn	Wer von euch hat jetzt (*/den Präsidenten) im Sinn?
	Hast du sie/ihn oft oder selten im Sinn?
bei	Wer hier ist oft bei der (Oma/Großtante)?
ihr	Gibt es bei ihr gutes Essen? Was isst du bei ihr?
	Spielst du oft bei ihr (Karten) oder (Monopoly)?
	Was machst du bei ihr?
wär's	Wer von euch möchte gern morgen nach (Mexiko) reisen?
	Das wäre toll, oder?
	Wäre das Wetter jetzt warm oder kalt?
	Wäre das Essen gut?
wohl	Wer hier fühlt sich jetzt (nicht) wohl?
	Warum fühlst du dich (nicht) wohl? (Bist du krank?)
nur	Wer von euch isst (Pommes) nur mit (Mayonnaise/Ketchup)?
	Isst (*) auch (Hamburger) nur mit (Ketchup)?
an	Ich denke im Moment oft an meine (Eltern). Wer von euch denkt
denke	oft an die (Eltern/Freunde)?
	Denkst du oft oder selten an deine (Geschwister/Lehrer)?
Herz	Ist dein Herz jetzt freudenvoll oder traurig?
freudenvoll	Warum ist dein Herz (freudenvoll)? Hast du den Lotto gewonnen?

Written Comprehension Check:

CLOZE EXERCISE:

Wie _____ blüht uns _____ Maien,

der Sommer _____ dahin.

Mir _____ ein _____ Jungfräulein

_____ in _____ Sinn.

Bei _____ da wär's mir _____,

_____ ich nur an sie _____.

Mein _____ ist _____.

MULTIPLE CHOICE EXERCISE:

1. Wie schön blüht _____ der Maien
   (mir/dir/ihm/ihr/uns/euch/ihnen)

2. der Sommer _____ dahin.
   (fahrt/fährt/fährst/fahre/fahren)

3. Mir _____ ein _____ Jungfräulein
   (hat/ist/sind/haben)   (schöne/schönes/schöner)
   gefallen in meinen Sinn.

4. Bei _____ da wär's _____ wohl,
   (ihnen/ihm/ihr)   (mir/mich/mein)

5. _____ ich nur an sie _____.
   (wann/wenn)   (denke/denkt/denken)

59

Spaß

- Es tanzt ein Bi-Ba-Butzemann
- Meine Oma fährt im Hühnerstall Motorrad
- Heut' kommt der Hans zurück
- Grün, grün, grün
- Lustig ist das Zigeunerleben
- Der Hampelmann

Es tanzt ein Bi-Ba-Butzemann

ein Kinderlied

Es tanzt ein Bi-Ba-Butzemann

tanzt   **wirft**

unser-   **sein**

Haus   **Säcklein**

herum   **hinter**

rüttelt sich

schüttelt sich

Es tanzt ein Bi-Ba-Butzemann
in unserm Haus herum, fi-de-bum!
Es tanzt ein Bi-Ba-Butzemann
in unserm Haus herum.
     Er rüttelt sich, er schüttelt sich,
     er wirft sein Säcklein hinter sich.
Es tanzt ein Bi-Ba-Butzemann
in unserm Haus herum.

<u>Sample Personalized Mini-Situation:</u>

(Maria) möchte Fisch essen. Sie geht in (name of local supermarket).
Sie kauft sich (57) (brand name) Pizzen. Sie tut die Pizzen in ein
Säcklein. Maria fährt mit einem Boot auf den (name of local lake)-See.
Sie hängt eine Pizza auf die Leine. Sie wirft die Pizza hinter sich ins
Wasser. Sie tanzt im Boot. Kein Fisch beißt. Maria wirft noch eine
Pizza hinter sich ins Wasser. Sie tanzt im Boot. Aber kein Fisch beißt.
Maria hängt noch eine Pizza an die Leine. Sie wirft die Pizza vor sich
ins Wasser. Maria schüttelt die Leine. Ein großer Haifisch beißt an die
Pizza und springt ins Boot. Der Haifisch schüttelt sich. Maria tötet den
Haifisch mit einem Spork. Der Haifisch schüttelt sich nicht mehr.

Personalized Questions:

tanzt   Wer hier tanzt (nicht) sehr gut?

Wer hier tanzt besser als (*)? Welcher Rockstar tanzt sehr gut?

Und wer in deiner Familie tanze besser, (*) oder (*)?

unser-   Wer hier findet unsere/n (Schule/Textbuch) (zu/sehr) (groß/interessant)?

Und findest du unsere/n (Stadt/Präsidenten) auch (dumm)?

Haus   Wer hier hat ein sehr (großes/kleines) Haus?

Ist dein Haus schön oder häßlich? Ist euer Haus (gelb) od. (lila)?

herum   Tanzt (*) in deinem Haus herum?

rüttelt sich   Rüttelt er/sie sich, wenn er tanzt? (Zeig's uns!)

schüttelt   Wer hier schüttelt die Hand von (*)?

Wie schüttelt ihr die Hände, so (wie in Amerika) oder so (wie
          in Europa)?

Schüttelt ihr jeden Morgen die Hände?

Wann schüttelt ihr die Hände?

sich   Wer hier interessiert sich für (Sport/Fußball/Kunst/Comics)?

Interessiert sich auch (*) für (Kunst)?

Wer hier fühlt sich im Moment (super/nicht gut/nervös/krank)?

wirft   Wer von euch wirft (zwei)mal in der Woche (eine Frisbeescheibe) oder
          einen Football?

Wirfst du oft oder selten eine Frisbeescheibe in dem Haus?

Hast du einen Hund?...Wirft er etwas im Haus?

Wirft dein Hund etwas, wenn er Durst/Hunger hat?

sein   Wirft er sein Hundeschüssel?

Wirft dein (Vater/Bruder) oft seine Schuhe im Haus?

Wo wirft er seine Schuhe? In sein Zimmer? Dem Hund?

Säcklein   Sankt Niklaus trägt ein Säcklein für die guten Kinder auf der Welt, oder?

Und wer trägt ein Säcklein für die bösen Kinder? (Rupprecht/Krampus)

Was trägt/hatte Niklaus im Säcklein für (dich/*)?

Hat/Hatte Rupprecht etwas im Säcklein für (*)?...Was denn?

hinter   Wer hier sitzt hinter (Heidi)?

Und sitzt (Ingo) vor (Max) oder hinter ihm/ihr?

Written Comprehesion Check:

CLOZE EXERCISE:

Es _____ ein Bi-Ba-Butzemann

in unserm _____ herum.

Er rüttelt _____,

er _____ sich,

er _____ sein Säcklein _____ sich.

Meine Oma

Traditional

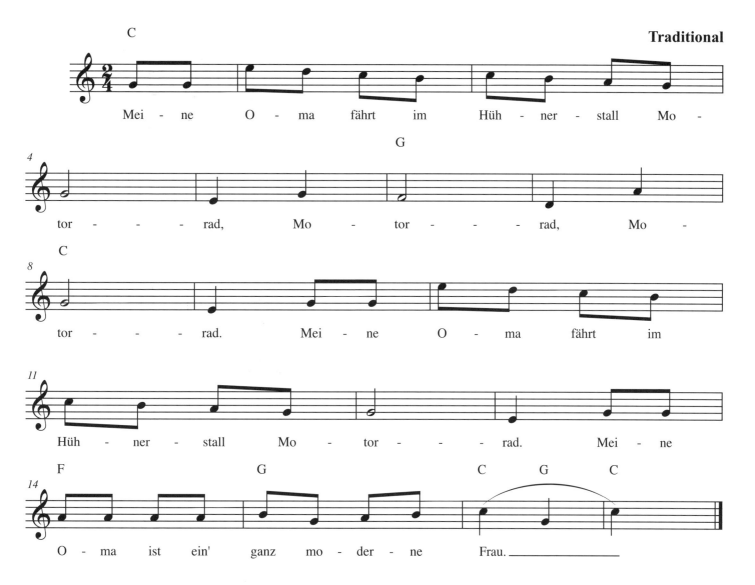

2. Meine Oma hat im hohlen Zahn ein Radio...

3. Meine Oma hat nen Nachttopf mit Beleuchtung...

4. Meine Oma hat ne Glatze mit Geländer...

5. Meine Oma hat nen Petticoat aus Wellblech...

6. Meine Oma hat im Strumpfband nen Revolver...

7. Meine Oma hat nen Handstock mit nem Rücklicht...

8. Meine Oma hat Klosettpapier mit Blümchen...

9. Meine Oma hat nen Bandwurm, der gibt Pfötchen...

10. Meine Oma hat ne Brille mit Gardine...

11. Meine Oma hat 'n Waschbecken mit Sprungbrett...

12. Meine Oma lernt im Suppenteller schwimmen...

13. Meine Oma läuft im Kuhlschrank Schlittschuh...

Meine Oma fährt im Hühnerstall Motorrad
(ein lustiges Kinderlied)

fährt Motorrad
im Hühnerstall
eine ganz moderne Frau

Meine Oma fährt im
Hühnerstall Motorrad
Motorrad, Motorrad.
Meine Oma fährt im
Hühnerstall Motorrad
Meine Oma ist ein'
ganz moderne Frau.

<u>Sample Personalized Mini-Situation:</u>
(Heike) und (Heiko) sitzen im Hühnerstall. Sie sind Hühner! Und sie sind keine altmodischen Hühner, sondern sie sind moderne Hühner. Ihr Hühnerstall ist sehr modern. Im Hühnerstall haben Heike und Heiko viel Licht, und es ist immer warm und sauber. Der Hühnerstall stinkt nicht. Ihre Bäuerin, (Maria), ist eine Oma, und sie hat schon 38½ Enkelkinder. Maria ist eine moderne Bäuerin. Sie hat ein schönes Motorrad von BMW. Jeden Morgen fährt sie im Hühnerstall Motorrad. Sie bringt den Hühnern (Suschi). Oft bringt sie den Hühnern auch (Pommes) und (Pudding). Sie arbeitet auch für (Wienerwald).
Die Hühner, Heike und Heiko, finden die Oma toll! Sie haben nie Hunger. Schon nach ein paar Monaten werden sie groß und dick. Heike sagt zu Heiko: „Heiko, ist das Leben hier im modernen Hühnerstall nicht toll? Wir moderne Hühner haben es wirklich gut hier!" Genau in dem Moment geht die Tür auf, und die Oma fährt mit ihrem Motorrad in den Hühnerstall herein. Heute bringt sie ihnen kein Suschi oder Pudding. Heute hat sie etwas anderes in der Hand—es ist ein langer Holzstock mit Metal am Ende. Heiko fragt Heike: „Heike, weißt du, was das Dingsbums in Omas Hand ist? Es sieht nicht modern aus! So was habe ich nie gesehen!" Dann öffnet die Oma schnell den Käfig. Sie nimmt die Hühner am Hals, und alles wird plötzlich dunkel.

Personalized Questions:

fährt Motorrad
Wer hier fährt Motorrad? Fährt dein/e (Oma) Motorrad?
Welche/r Lehrer/in hier fährt Motorrad?
            Ist sein/ihr Motorrad (schwarz) (groß)?
Wer von euch möchte gern Motorrad fahren lernen?

im Hühnerstall
Wer hier hat zu Hause einen Hühnerstall?
            Wieviele Hühner habt ihr? Ist der Hühnerstall modern?
Wer von euch hat zu Hause ein (Schweine)stall?
Welcher stinkt mehr, ein Hühnerstall oder ein (Schweine)stall?
Sieht dein Zimmer manchmal wie ein Schweinestall aus?
Stinkt dein Zimmer wie ein Hühnerstall?
Wo in (Fargo/dieser Schule) stinkt es wie ein Hühnerstall?

eine ganz
moderne Frau
Wer hier findet, dass (Hillary Clinton) eine ganz moderne Frau ist?
            Ist (*) auch eine ganz moderne Frau?
                        Oder ist sie nur ein bisschen modern? Warum?
Wer ist keine moderne Frau?
            Warum ist sie keine moderne Frau?

Written Comprehesion Check:

CLOZE EXERCISE:

Meine _____ fährt im Hühnerstall _____.

Meine _____ ist 'ne ganz moderne _____!

WAS STIMMT NICHT?
(Find the wrong word in each statement, and replace it with the correct word from the song.)

1. Meine Mutter fährt im Hühnerstall Motorrad.

2. Deine Oma fährt im Hühnerstall Motorrad.

3. Meine Oma putzt im Hühnerstall Motorrad.

4. Meine Oma fährt im Pferdestall Motorrad.

5. Meine Oma fährt im Pferdestall Auto.

6. Meine Oma ist eine ganz moderne Lehrerin.

Heut' kommt der Hans zurück

ein Kanon

Heut' kommt der Hans zu - rück, freut sich die

Lies. Ob er a - ber ü - ber O - ber - am - mer - gau

o - der a - ber ü - ber Un - ter - am - mer - gau o - der a - ber ü - ber -

haupt nicht kommt, ist nicht ge - wiss.

69

Heut' kommt der Hans zurück

heute (heut') **ob**

kommt **er**

zurück **über**

freut sich **oder**

überhaupt nicht

gewiss

Heut' kommt der Hans zurück,
freut sich die Lies'.
Ob er aber über Oberammergau,
oder aber über Unterammergau,
oder aber überhaupt nicht kommt,
ist nicht gewiss.

Sample Personalized Mini-Situation:
(Max) und (Maria) gehen einkaufen. (Max) möchte einen neuen Teddy-Bär. Sie gehen zum (name of local taco place). Maria geht in (taco place). Sie kommt mit keinem Teddy-Bär zurück. Sie kommt mit einem Chiwawa zurück. Max freut sich nicht. Sie gehen zum Zoo. Maria geht in den Zoo. Sie kommt mit keinem Teddy-Bär zurück. Sie kommt mit einem Gorilla zurück. Max freut sich nicht. Max und Maria gehen nach Las Vegas. Max geht in eine Casino. Er spielt Poker. Er gewinnt (999) Teddy-Bären. Max freut sich sehr.

Personalized Questions:

heute   Ist heute (Montag) oder (Dienstag)?
Wer hier hat heute (Sport/Lernzeit/Musik)?
Hat (*) auch heute (Sport)?

kommt   Wer hier kommt (nicht) aus (Wisconsin)?
Kommt (*) auch aus (Kansas)?

zurück   Wer hier fährt (am Wochenende) nach (Milwaukee)?
Kommst du am (Samstag) oder (Sonntag) zurück?

freut sich   Wer hier freut sich, wenn er/sie eine gute Note in (Mathe) hat?
Freut sich auch (*)?

ob   Wer hier weiß, ob heute (Montag) ist?
Wer hier weiß, ob es heute regnet?
Wer hier weiß, ob (Hollywood *) eine/n neue/n Freund/in hat?
Wer ist es?

er   Wer hier weiß, wie alt (*) ist?
Ist er schon (15/25/35)?

über   Wer von euch fährt oft nach (St. Paul)?
Fahrt ihr über (La Crosse) oder über (Eau Claire)?
Ist die Fahrt über (Eau Claire) kürzer,

oder   oder ist sie schneller? Oder beide?

überhaupt nicht   Wer hier kann überhaupt nicht gut (schwimmen/tanzen)?
Und kann (*) sehr gut od. überhaupt nicht gut (tanzen)?

gewiss   Wer von euch fährt (am Wochenende/im Sommer) nach (Florida)?
Ist das gewiss?

Written Comprehension Check:

CLOZE EXERCISE:

Heut' _____ der Hans _____,

_____ sich _____ Lies.

_____ er aber _____ Oberammergau,

_____ aber _____ Unterammergau,

_____ aber überhaupt _____ kommt,

_____ nicht gewiss.

MULTIPLE CHOICE EXERCISE:

1. Heute _____ der Hans zurück,
       (kommst/kommen/kommt)

2. freut _____ die Lies.
       (mich/dich/sich/uns/euch)

3. _____ er aber über Oberammergau,
   (weil/damit/obwohl/ob/dass)

4. oder aber _____ Unterammergau,
       (um/bis/über/nach/durch)

5. oder aber überhaupt nicht _____, ist nicht gewiss.
              (kommst/kommt/komme)

Grün, grün, grün

ein Kinderlied

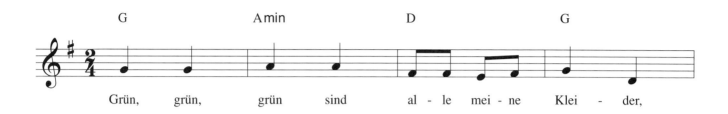

Grün, grün, grün sind al - le mei - ne Klei - der,

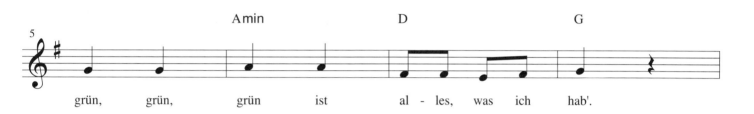

grün, grün, grün ist al - les, was ich hab'.

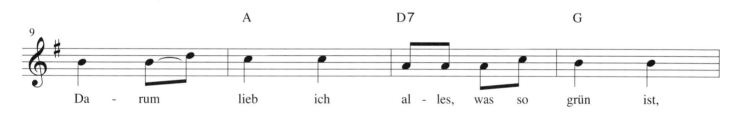

Da - rum lieb ich al - les, was so grün ist,

weil mein Schatz ein Jä - ger ist.

Grün, grün, grün

grün	**darum**
sind	**liebe**
Kleider	**weil**
ist	**Schatz**
alles, was	**Jäger**
habe (hab')	
umweltfreundlich	

(traditionelle Strophe:)
Grün, grün, grün sind alle meine Kleider,
grün, grün, grun ist alles, was ich hab'.
Darum lieb' ich alles, was so grün ist,
weil mein Schatz ein Jäger ist.

(alternative, unweltfreundlichere Strophe:)
Grün, grün, grün sind alle meine Kleider,
grün, grün, grun ist alles, was ich hab'.
Darum lieb' ich alles, was so grün ist,
weil mein Schatz so umweltfreundlich ist!

Sample Personalized Mini-Situation:
(Max) ist Jäger in (name of natural area in state). Er ist kein guter Jäger—alles, was er hat, ist orange. Sein Auto ist orange. Seine Schuhe sind orange. Seine Unterhose ist orange. Alle seine Kleider sind orange. Alles, was er hat, ist orange. Das ist ein bißchen problematisch. Max möchte grüne Kleider. Er fährt mit seinem orangen Auto nach Irland. In Irland sieht er (Maria). Maria ist ein Leprechaun. Alle ihre Kleider sind grün. Aber Maria möchte orange Kleider haben. Max und Maria wechseln die Hosen. Sie wechseln die Hemden. Sie wechseln Socken. Sie wechseln alle ihre Kleider. Max und Maria sind froh. Sie küssen einander. Sie rufen: "Mein Schatz! Ich liebe dich!"

Personalized Questions:

grün   Wer hier hat grün an?

                     Ist grün deine Lieblingsfarbe?

sind   Sind deine (Socken) auch alle grün?

Kleider   Sind viele Kleider von (*) grün?

ist   Ist grün die Lieblingsfarbe von (*)?

alles, was   Ist alles, was (*) (isst/trinkt/tut) gesund?

                    Ist alles, was du (im Fernsehen/Kino) siehst, interessant?

habe   Hast du oder habe ich (grüne) (Augen/Haare)?

darum   Ich *liebe* (BigMacs)!...***Darum*** gehe ich oft in (McD...)!

liebe   (elicit similar examples)

weil   Ich gehe oft in (McD...), ***weil*** ich sehr gehr (BigMacs) (esse/trinke).

         (elicit similar examples)

         Geht (*) oft in ( ), ***weil*** er/sie gern ( ) (isst/trinkt)?

Schatz   Wer hier ist ein Schatz für (*)?

         Bist du auch ein Schatz für (*)?

        Hat (*) einen Schatz in Hollywood?

          Wer ist ihr/sein Schatz?

Jäger   Wer von euch ist ein Jäger?

         Ist (*) auch ein Jäger?

umwelt-   Wer hier ist umweltfreundlich?

freundlich   Ist deine ganze Familie auch umweltfreundlich?

        Findest du (Mason City) umweltfreundlich oder nicht?

Wie kann man hier in (Wausau) umweltfreundlicher sein?

Written Comprehension Check:

CLOZE EXERCISE:

Grün, grün, _____ sind alle meine _____,

grün, grün, grün _____ alles, _____ ich hab'.

_____ lieb' ich alles, was so grün _____,

_____ mein _____ so umweltfreundlich _____.

MULTIPLE CHOICE EXERCISE:

1. Grün, grün, grün _____ alle meine Kleider.
   (bin/bist/ist/sind/seid)

2. Grün, grün, grün _____ alles, was ich hab'.
   (bin/bist/ist/sind/seid)

3. Darum lieb' ich _____, was so grün ist,
   (alle/allen/aller/alles)

4. _____ mein Schatz ein Jäger ist.
   (denn/weil/damit/wenn)

Lustig ist das Zigeunerleben

aus Niederschlesien

Lu - stig ist das Zi - geu - ner - le - ben, fa - ri - a, fa - ri - a ho! Brauch'n dem Kai - ser kein Zins zu ge - ben, fa - ri - a, fa - ri - a ho! Lu - stig ist es im grü - nen Wald, wo der Zi - geu - ner Auf - ent - halt. Fa - ri - a, fa - ri - a, fa - ri - a, fa - ri - a, fa - ri - a, fa - ri - a ho!

Lustig ist das Zigeunerleben

Lustig	**kein**	**links**
ist	**geben**	**rechts**
oben	**Wald**	**vorne**
unten	**wo**	**hinten**
Aufenthalt		**Kaiser**
Brauchenz		**Zigeuner**

(traditionelle Strophe)
Lustig ist das Zigeunerleben, faria, faria, ho!
Brauchen dem Kaiser kein Zins zu geben, faria, faria, ho!
Lustig ist es im grünen Wald,
wo der Zigeuner Aufenthalt.
Faria, faria, faria, faria, faria, faria, ho!

(alternative Strophe, die man in Waldsee auch "aerobic-mäßig" singt:)
Links und rechts und vorne und hinten und oben und unten und
      links und rechts!
Links und rechts und vorne und hinten und oben und unten und
      links und rechts!
(klatschend:)
Lustig ist es im grünen Wald,
wo der Zigeuner Aufenthalt.
Faria, faria, faria, faria, faria, faria, ho!

(Die alternative Strophe wird wiederholt und dabei immer schneller gesungen.)

Sample Personalized Mini-Situation:
(Maria) und (Max) sind im Wald. Sie wandern (200) Jahre durch den Wald. Sie haben kein Wasser. Sie haben kein (name of soft drink). Sie haben Durst. Sie brauchen Wasser. Sie hören Disko-Musik. Es sind Zigeuner. Sie gehen zu den Zigeunern. Sie sagen: "Hilfe! Wir brauchen Wasser!" Ein Zigeuner bringt (823) Dosen (name of energy drink). Max und Maria trinken das (energy drink) in (2) Sekunden aus. Sie tanzen (43) Minuten mit den Zigeunern. Dann hört man Trompeten. Es ist der Kaiser. Die Zigeuner laufen weg. Max und Maria bleiben. Sie finden den Kaiser total lustig. Sie tanzen mit dem Kaiser.

Personalized Questions:

lustig   Wer von euch findet (*) lustig?
              Und findest du (*) nur lustig oder total lustig?
              Findest du (*) lustig oder doof?
ist   Ist (*) auch lustig, oder ist sie/er doof?

Zigeuner   Gibt es hier in (Madison/Wisconsin) Zigeuner?
              Weißt du, wo es Zigeuner gibt?
              Wer hier hat schon Zigeuner gesehen?
              Kann man in dem Film (“___”) Zigeuner sehen?
              Leben Zigeuner in der Stadt oder im Wald?

brauchen   Brauchen deine (Eltern/Freunde) (2) (Autos/Häuser)?
              Brauchen sie ein Handy?

Kaiser   Gibt es in (Amerika) einen Kaiser?
              Wohnt hier in (Springfield) ein Kaiser?
              Wo gibt/gab es einen Kaiser?
              Wie heißt/hieß der Kaiser/die Kaiserin?
kein   Wo gibt es keinen Kaiser?
              Wer hier trinkt/isst kein (Mineralwasser/Fleisch)?
              Warum trinkst du kein (Mineralwasser)?
              Trinkt (*) auch kein (Mineralwasser)?
geben   Geben dir deine (Freunde/Eltern) viel (Geld) oder kein (Geld)?
              Geben sie dir viel Streß oder keinen Streß?

Wald   Wo in (Michigan) gibt es einen großen Wald?
wo   Wie heißt dieser Wald?
              Findest du diesen Wald schön oder nicht?
              Gibt es auch hier in (Ann Arbor) einen Wald?
              Ist dieser Wald groß oder klein?
              Ist der Wald in einem Park?
              Kann man in einem Wald gut oder schlecht (surfen/wandern)?
              Wer hier möchte ein Haus in einem Wald haben?
              Warum willst du in einem Wald wohnen?
Aufenthalt Wer von euch besucht am Wochenende gern Freunde?
              Ist dein Aufenthalt bei ihnen meistens lang oder kurz?
              Wer hier fährt einmal oder zweimal im Jahr nach (Florida)?
              Bleibt ihr im Hotel oder bei (Freunden/Verwandten)?
              Wie lang ist normalerweise euer Aufenthalt? Eine Woche oder
              länger?

Written Comprehension Check:

CLOZE EXERCISE:

_____ ist das _____leben, faria, faria, ho!

_____ dem Kaiser kein Zins zu _____, faria, faria, ho!

_____ ist es im grünen _____,

_____ der Zigeuner _____.

Links und _____ und vorne und _____

und _____ und unten und

_____ und rechts!

MULTIPLE CHOICE EXERCISE:

1. Lustig ist _____ Zigeunerleben,
   (der/die/das)

2. Brauchen _____ Kaiser kein Zins zu _____.
   (der/den/dem)   (geben/gebe/gibt)

3. Lustig ist es im _____ Wald,
   (grün/grüne/grünen/grüner)

4. _____ der Zigeuner Aufenthalt.
   (wer/wie/wo/wohin/wann/was)

Der Hampelmann

ein Kinderlied

Ich bin ein Ham - pel - mann, ich tan - ze, wie ich

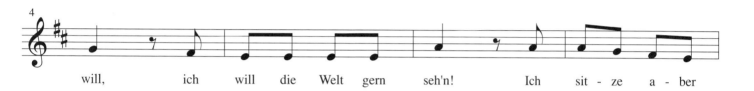

will, ich will die Welt gern seh'n! Ich sit - ze a - ber

still! Dau - men vor!
Ar - me z'rück!
Po - 'raus!
Kopf - 'runter!
(Tsch - tsch - tsch - tsch -

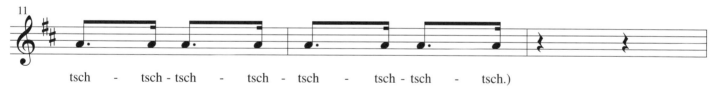

tsch - tsch - tsch - tsch - tsch - tsch - tsch - tsch.)

(Tsch - tsch - tsch - tsch - tsch - tsch - tsch - tsch - tsch - tsch - tsch - tsch - tsch.) Ich

Der Hampelmann

Hampelmann

ich bin	ich tanz**e**
tanze wie	er/Max tanz**t**
sitze still	sie/alle tanz**en**
ich will	**die Welt**
gern seh'n	**sitzt still**

Ich bin ein Hampelmann,
ich tanze wie ich will.
Ich will die Welt gern seh'n,
ich sitze aber still.

    Daumen vor! (Tsch-tsch-tsch....)
    Arme zurück!
    Po 'raus!
    Kopf 'runter!
    Zunge 'raus!

<u>**Sample Personalized Mini-Situation:**</u>
(Max) ist ein Hampelmann. Er geht in die Disko. Er tanzt nicht wie
(Cher). Er tanzt wie er will. Alle lachen. Max weint.
Max geht nach (Jackpot, Nevada). Er geht in den Saloon. Alle
Cowboys tanzen wie (Garth Brooks). Aber Max tanzt nicht wie Garth
Brooks. Er tanzt wie er will. Alle lachen. Max weint.
Max geht nach Wien. Er geht in die Oper. Alle Wiener tanzen den
Walzer. Aber Max tanzt nicht den Walzer. Er tanzt wie er will. Alle
lachen. Max sitzt still. Alle Wiener tanzen wie Max.

Personalized Questions:

Hampelmann   Wer hier hat (einen/keinen) Hampelmann zu Hause?
Hat (*) einen Hampelmann oder keinen Hampelmann?

tanzt wie   Wer hier tanzt (sehr/nicht) gut?
        Tanzt (dein/e Bruder/Schwester) auch (sehr) gut?
        Tanzt (er/sie) wie (*)?

will   Wer von euch will jetzt tanzen?
Wer von euch will _nicht_ tanzen?
        Willst du jetzt (einen Film sehen / Bratwürste essen)?

die Welt   Willst du (Disneyland / die Welt) gern sehen?

gern sehen   Wer hier will die Welt gern sehen?
        Willst du (Deutschland / Europa / Japan) gern sehen?
        Was willst du in (Japan) gern (sehen / essen)?
        Willst du auch in (Japan) gern tanzen?
Wer von euch will auch (Japan) gern sehen?

sitzt still   Wer hier hat zu Hause eine/n (Katze / Hund / Elefanten)?
        Wie heißt dein/e (Katze)?
        Sitzt ("Fifi") oft still? Wo zu Hause sitzt ("Fifi") still?
        Sitzt ("Fifi") (am Fenster / auf der Couch) still?
Wer von euch sitzt in (der Schule) still?
        Sitzt du im (Mathe)unterricht still?
        Wo in (der Schule) sitzt du still?
        Wo in der Schule sitzt du _nie_ still?

Written Comprehension Check:

CLOZE EXERCISE:

Ich _____ ein Hampelmann,

_____ tanze, wie ich _____,

ich will _____ Welt gern _____,

ich _____ aber _____.

Daumen _____ !

WAS STIMMT?
(Read both sentences, and write out the correct one on the line provided.)

1. Ich bin ein Astronaut, / Ich bin ein Hampelmann,

_____

2. ich tanze, wie meine Mutter will, / ich tanze, wie ich will,

_____

3. ich will die Welt gern sehen, / ich will Afrika gern sehen,

_____

4. ich sitze aber still. / ich stehe aber still.

_____

5. Finger vor! / Daumen vor!

_____

Wander-und Reiselust

- Schön ist die Welt
- Wir sind durch Deutschland gefahren
- Muss i denn
- Es, es, es und es
- Wir lieben die Stürme

Schön ist die Welt

Traditional

Schön ist die Welt, d'rum

Brü - der, lasst uns rei - sen! Wohl

in die wei - te Welt, wo - hin es

uns ge - - - fällt.

Schön ist die Welt

schön   **reisen**

die Welt   **in die**

Brüder   **weit(e)**

lasst uns   **wohin**

                gefällt

Schön ist die Welt,
d'rum Brüder lasst uns reisen,
wohl in die weite Welt,
wohin es uns gefällt!

Wir reisen fort
von einer Stadt zur ander'n,
wo uns die Luft gefällt,
wo uns die Luft gefällt.

Sample Personalized Mini-Situation:

(Max) und (Maria) sind zu Hause. Sie sehen fern. Sie sehen (name of stupid game show). ("Game Show") gefällt Maria nicht. Sie sagt: "Komm, Bruder, lasst uns reisen!" Maria und Max reisen in die weite Welt. Zuerst reisen sie nach (Timbuktu). Aber Timbuktu gefällt Max nicht. Es ist zu warm. Dann reisen sie nach (Sibirien). Aber Sibirien gefällt Maria nicht. Es ist zu kalt. Danach reisen sie in die Schweiz. Sie essen (Käse-Fondue). Sie sehen (15.505) Kühe. Sie wandern in den Alpen und jodeln. Sie sagen: "Die Schweiz gefällt uns total!"

Personalized Questions:

schön Wer hier findet (national park) schön?

    Findest du (Dayton) auch schön oder häßlich?

Wer hier findet (*) schön?

    Wie sieht sie/er aus? Hat sie/er (lange/blonde) Haare?

    Findest du (lange) Haare schön?

die Welt Und wer von euch findet die Welt schön?

    Findest du die ganze Welt schön?

    Wo ist die Welt nicht schön?

Brüder   Wer hier hat (2) Brüder?

    Heißen deine Brüder (Tom) und (Bruce)?

    Wie heißen deine Brüder?

    Wohnen deine Brüder hier in (Brookfield)?

    Machen deine Brüder gern Sport?

    Singen deine Brüder (gern/gut) oder (nicht gern/schlecht)?

lasst uns Wer von euch will jetzt (Karten/Mühle) spielen?...

    Kommt, lasst uns (Karten) spielen!

(elicit several "Lasst uns...!" commands, and have class follow)

reisen Wer hier möchte nach (Deutschland) reisen?

    Reisen (*) oft oder selten nach (Deutschland)?

in die   Reisen sie oft oder selten in die (Berge/Schwiez/Türkei)?

    Gehen sie oft oder selten in die (Disko/Oper/Kirche)?

weit(e) Und wer von euch möchte in die weite Welt reisen?

wohin   Wohin möchtest du reisen?

    Wohin möchte (*) gern reisen?

    Reist er/sie oft oder selten dahin?

gefällt   Warum reist er/sie dahin? Gefällt ihm/ihr dort

    das (Wetter/Essen)?

Wem hier gefällt das Essen (in der Schulmensa/bei "____")?

    Was gefällt dir dort am besten?

Written Comprehension Check:

CLOZE EXERCISE:

_____ ist die _____,

d'rum Brüder _____ uns _____,

wohl _____ die _____ Welt,

_____ es uns _____!

MULTIPLE CHOICE EXERCISE:

1. Schön ist _____ Welt,
   (der/die/das)

2. d'rum Brüder _____ uns _____,
   (lass/lasst/lässt/lassen)   (reise/reist/riesen/reisen)

3. wohl in die _____ Welt,
   (weit/weiter/weites/weite)

4. wohin es _____ gefällt!
   (mir/dir/ihr/ihm/uns/euch/ihnen)

Wir sind durch Deutschland gefahren

Traditional

Wir sind durch Deutsch - land ge - fah - - - ren, vom

Meer bis zum Al - pen - schnee. Wir ha - ben noch Wind in den

Haa - ren, den Wind von den Ber - gen und Seen, wir

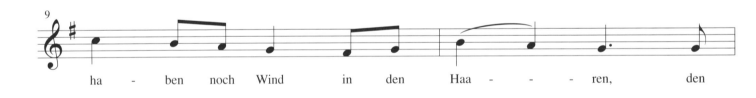

ha - ben noch Wind in den Haa - - ren, den

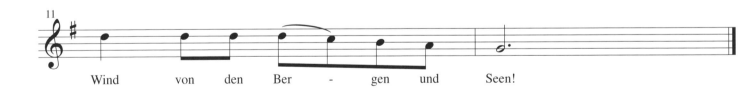

Wind von den Ber - gen und Seen!

Wir sind durch Deutschland gefahren

wir	**noch**
durch	**Wind**
gefahren	**Haare(n)**
Meer	**von**
Schnee	**Berge(n)**
haben	**Seen**

Wir sind durch Deutschland gefahren,
vom Meer bis zum Alpenschnee.
Wir haben noch Wind in den Haaren,
den Wind von den Bergen und Seen.
Wir haben noch Wind in den Haaren,
den Wind von den Bergen und Seen.

<u>**Sample Personalized Mini-Situation:**</u>

(Max) und (Maria) sind durch Deutschland gefahren. Sie sind (2.157) Tage durch Deutschland gefahren. Sie sind mit dem Skateboard gefahren. Sie sind mit dem Skateboard vom Meer bis zum Bodensee gefahren. Sie schwimmen durch den Bodensee. Sie schwimmen in (3) Sekunden von Friederichshafen bis zum Hafen in Romanshorn. Sie steigen aus dem Bodensee. Sie haben Lederhosen an. Maria riecht etwas in den Haaren von Max. Sie schreit: "Igit! Max, was hast du in den Haaren?!?" Max nimmt einen toten Fischkopf aus den Haaren. Ingo riecht etwas auch. Er riecht etwas in den Haaren von Maria. Er schreit: "Igit! Maria, was hast du in den Haaren?!?" Maria nimmt (345) lange, schleimige Würme aus den Haaren. Maria weint. Max lacht. Er isst die Würme und den Fischkopf.

Personalized Questions:

wir   Sind wir dumm oder intelligent?
           Du und ich...sind wir Amerikaner oder Deutsche?

durch   Wer hier fährt oft nach (Indiana)?
           Fahrt ihr durch (Chicago) oder um (Chicago)?
           Fahrt ihr durch einen (Tunnel/Wald)?
    Wo in (Amerika) kann man durch einen Tunnel fahren?

gefahren   Bist du schon durch einen Tunnel in (Colorado) gefahren?
    Wer von euch ist (schon/am Wochenende) nach (Chicago) gefahren?
           Seid ihr durch einen (Tunnel) gefahren?

Meer   Wer hier ist im Sommer ans Meer gefahren?
           Seid ihr am Meer (geschwommen/gesegelt)?
           An welches Meer seid ihr gefahren?

Schnee   Gibt es am Meer dort im (Winter) Schnee?

haben   Haben wir hier im (Winter) viel Schnee oder wenig Schnee?

noch   Gibt es hier im (März/April) noch Schnee?

Wind   Ist der Wind hier im (Herbst) normalerweise stark oder nicht?
           Wo in (Amerika) ist der Wind oft sehr stark?

Haare(n)   Wer von euch hat heute (viel/kein) Gel in den Haaren?
           Hast du normalerweise viel Gel in den Haaren?
           Hat (*) auch Gel in den Haaren?
    Wer hier hat manchmal im (Sommer) Sand in den Haaren?
           Hast du noch Sand in den Haaren?
           Kommt der Sand vom Meer oder von einem See?

Berge(n)   Wer von euch war schon in den Bergen in (Colorado)?
           Wann warst du in den Bergen dort?
           Bist du (Ski/Mountain-Bike) gefahren?
           Bist du auch noch (gewandert/Snowboard gefahren)?
           War das Wetter dort schön oder nicht schön?

Seen   Wer hier weiß, wie die fünf Grossen Seen in Amerika heissen?
    Gibt es in (Minnesota) (10.000) Seen, oder mehr?
           Wieviele Seen gibt es in (Iowa)?

Written Comprehension Check:

CLOZE EXERCISE:

Wir sind _____ Deutschland _____,

vom _____ bis zum Alpen_____.

Wir haben _____ Wind in den _____,

den Wind von den _____ und _____.

FRAGEN:

1. Sind wir durch Deutschland oder durch Österreich gefahren?

2. Sind wir von Norden nach Süden oder von Süden nach Norden gefahren?

3. Haben wir noch Wind in den Händen oder in den Haaren?

4. Woher kommt der Wind?

Muss i denn

Schwäbisches Volklied

Muss i denn

muss	kann
Städtele **(Dorf)**	glei **(gleich)**
Schatz	allweil **(immer)**
hier	**bei**
komm'	**sein**
wieder	**bei**
han i **(habe ich)**	
Freud' (Freude)	
kehr...ein **(komm'...zurück)**	

Muss i denn, muss i denn zum Städtele hinaus,
Städtele hinaus, und du, mein Schatz, bleibst hier,
wenn i komm', wenn i komm', wenn i wieder wieder komm',
wieder wieder komm', kehr i ein, mein Schatz, bei dir.
Kann i glei net allweil bei dir sein,
han i doch mei' Freud' an dir!
Wenn i komm', wenn i komm', wenn i wieder wieder komm',
wieder wieder komm', kehr i ein, mein Schatz, bei dir.

Sample Personalized Mini-Situation:

(Max) wohnt in (location of school). Max hat einen Schatz in (name of nearby small town). Das ist ein Dorf. Sein Schatz heißt (name of celebrity). Max ist sehr traurig. Er ist in (Whitewater), aber (celebrity) ist in (Palmyra). Max kann nicht in (Whitewater) bleiben! Er muss nach (Palmyra). Er muss zu seinem Schatz. Er weint bitterlich. Es ist tragisch. Dann hat er eine tolle Idee. Er fährt zu seinem Schatz. Aber er kann nicht Auto fahren. Er fährt mit dem Inter-City-Express-Zug nach (Palmyra). Er findet seinen Schatz. Er küsst (celebrity). (Celebrity) küsst ihn zurück. Sie schreien: "Mein Schatz!" Max bleibt (107) Jahre bei (celebrity).

Personalized Questions:

muss   Wer hier muss zu Hause (den Müll sortieren)?
                       Muss (*) das auch machen, oder nur du?
                       Wer muss bei dir (das Geschirr spülen)?

Städtele   Ist (Brainerd) eine Großstadt oder ein Städtele/Dorf?

Schatz   Wer hier ist ein Schatz für seine/n (Oma/Opa)?
                       Bist du auch ein Schatz für deine/n (Mutti/Vati)?
              Hat (*) einen Schatz in Hollywood? Wer ist ihr/sein Schatz?

hier   Hast du hier in (Sun Prairie/der Schule) einen Schatz?

komm'   Kommst du aus (Wayzata) oder aus (Minneapolis)?

wieder   Wer von euch war schon in (Disneyworld/Six Flags)?
                       Möchtest du wieder dahin?
                       Wann fährst du wieder dahin?

kehr...ein   Wer hier fährt am Wochenende nach (Chicago)?
                       Kommst du am Samstag oder am Sonntag zurück?

bei   Bei wem hier gibt es (2) Autos zu Hause?
                       Gibt es auch bei dir (2) Fernseher?
                       Wieviele (Fernseher) gibt's bei dir?
          Wer von euch besucht gern seine/n (Oma/Opa)?
                       Spielst du bei ihr/ihm oft (Karten/Monopoly)?
                       Was machst du gern bei (ihm/ihr)?

kann   Kann man bei (ihm/ihr) schwimmen?
          Wer hier kann sehr gut (tanzen/Snowboard fahren)?
                       Kann (*) auch sehr gut (tanzen)?

glei   Wer von euch möchte nach (Florida) reisen?
                       Möchtest du gleich fahren?
          Wer hier muss aufs WC gehen?
                       Musst du gleich gehen, oder kannst du (2) Minuten warten?

allweil   Wer von euch wohnt (auf dem Land/in einem Dorf)?
                       Möchtest du immer/allweil (auf dem Land) wohnen?

sein   Wer von euch möchte (Millionär/Deutschlehrer) sein?
                       Willst du lieber Deutschlehrer/in oder Englischlehrer/in sein?

han i   Habe ich oder hast du (braune) Haare/Augen?

Freud'   Für wen hier ist (Skifahren) eine Freude?
                       Ist dir auch (Golfspielen) eine Freude?
                       Und ist dir (Toiletteputzen) eine Freude oder keine Freude?

Written Comprehension Check:

CLOZE EXERCISE:

_____ i denn, _____ i denn

zum _____ hinaus, _____ hinaus

und du, _____ Schatz, _____ hier,

_____ i komm', _____ i komm',

_____ i _____ komm',

_____ komm', kehr i _____,

mein _____ bei _____.

_____ i glei net allweil bei dir _____,

han i _____ mei' _____ an dir!

MULTIPLE CHOICE EXERCISE:

1. _____ i denn _____ Städtele _____,
   (Muss/Müss'/Musst)   (zur/zum)   (hinaus/heraus)

2. und du, mein Schatz, _____ hier,
   (bleibe/bleibt/bleibst/bleiben)

3. _____ i glei net allweil bei _____ sein,
   (kann/kannst/können)   (dir/dich/Ihnen)

4. han i _____ mei' Freud' an dir!
   (noch/doch)

Es, es, es und es

Lied der Fahrgesellen

G   D   G   D   G   D

Es,   es,   es und es,   es   ist   ein   har - ter
weil,   weil,   weil und weil, weil ich   aus   Frank - furt

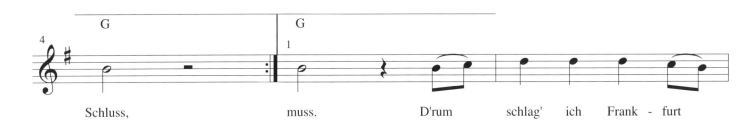

G   G

Schluss,   muss.   D'rum   schlag' ich   Frank - furt

D7   Amin   G   Emin   A7   D   D7

aus   dem   Sinn   und   wen - de   mich, Gott   weiß   wo - hin.   Ich

G   D   G   D7   G

will   mein   Glück   pro - bie - ren,   mar - schie - ren.

98

Es, es, es und es

es	**wende**
hart(er)	**mich**
Schluss	**weiß**
weil	**wohin**
aus	**will**
muss	**Glück**
schlag'	**probieren**
marschieren	**Sinn**

Es, es, es und es,
es ist ein harter Schluss.
Weil, weil, weil und weil,
weil ich aus Frankfurt muss.
D'rum schlag' ich Frankfurt aus dem Sinn
und wende mich, Gott weiß wohin.
Ich will mein Glück probieren,
marschieren!

Sample Personalized Mini-Situation:
(Max) hat kein Geld. Er will Pokerspielen probieren. Er marschiert nach Las Vegas. Er marschiert (149) Tage nach Las Vegas. In Las Vegas sieht Hans viele Casinos. Er marschiert in Golden Nugget. Er will Karten spielen. Er will $149.000 gewinnen. Er spielt (21). Er hat zwei Könige. Er will ein As. Er bekommt noch eine Karte. Ist es ein As? Er weiß nicht, aber er muss gewinnen. Es ist ein As! Max gewinnt $148.999! Er will noch ein Dollar gewinnen. Er will die Maschinen probieren. Er weiß nicht, ob er noch ein Dollar gewinnt. Er marschiert zu einer Quarters-Maschine. Er muss ein Dollar gewinnen. Er probiert ein Quarter. Max gewinnt genau $1,25. Er ist froh. Er marschiert nicht zurück nach (location of school). Er nimmt eine (Limousine).

Personalized Questions:

es   Ist es heute (warm/kalt/windig/ruhig/Freitag)?

hart   Ist dein (Bett/Stuhl/Fahrradsessel/Kopf) hart?

              Ist deine (Matraze) hart oder weich?

Schluss Wer hier macht nächste Woche mit (Deutsch/Basketballspielen) weiter?

           Und wer hier macht nächste Woche mit (Fernsehen) Schluss?

              Machst du auch mit (Mathe) Schluss?

           Bleiben (*) und (*) in Hollywood zusammen, oder machen sie Schluss?

weil   Ich gehe sehr oft in (restaurant), weil ich sehr gern (Pommes) esse.

           Wer von euch geht auch oft in (rest.), weil er/sie gern (Pommes) isst?

              Gehst du auch gern in ( ), weil du gern (Tacos) isst?

aus   Wer hier kommt aus (Duluth/Minnesota)?

              Kommt (*) auch aus (Duluth)?

           Kam (Einstein/Goethe) aus (Frankfurt) oder aus (Ulm)?

muss   Wer von euch muss zu Hause (das Geschirr spülen/den Rasen mähen)?

              Muss (*) auch das Geschirr spülen?

              Wer muss (Staub saugen), du oder (*)?

schlag' Ich schlage nie meine/n (Katze/Hund)!

           Wer hier schlägt nie seine/n (Bruder/Katze)?

              Schlägst du oft oder selten deine/n (Schwester/Hund)?

Sinn   Wer von euch hat jetzt (*) im Sinn?

              Hast du oft oder selten (*) im Sinn?

wende Wenn ich Probleme habe, wende ich mich oft an meine/n (Mutter/Vater).

mich   Wer hier wendet sich nie an (*), wenn er Probleme hat?

              Wendest du dich oft oder selten an (*)?

              Wendest du dich an Vati oder Mutti, wenn du (Geld) brauchst?

weiß   Wer von euch weiß, was die Hauptstadt von (der Türkei) ist?

              Weiß dein bester Freund, wo du (wohnst)?

              Weiß er auch, was du (sehr/nicht) gern (isst/trinkst/spielst)?

wohin   Wer hier weiß, wohin er/sie am (Wochenende) fährt?

              Weißt du, wohin (*) am (Freitag abend) fährt?

will   Wer von euch will jetzt (eine Cola) trinken?

       Wer hier will im Sommer nach (Florida) reisen?

              Wohin will (*) im Sommer reisen?

Glück   Wer von euch hat oft Glück beim (Karten) spielen?

              Hat (*) auch Glück, wenn er/sie (Lotto) spielt?

probieren Wer hier will mal (Leberwurst/Blutwurst/Zunge) probieren?

              Was willst du in (Deutschland) probieren?

marschieren Wer von euch marschiert manchmal?

              Marschierst du im (Sommer) oder (am Wochenende)?

              Marschieren (*) auch? Marschieren sie mit dir?

Written Comprehension Check:

CLOZE EXERCISE:

Es, _____, es und _____, es ist ein harter _____,

weil, _____, weil und _____, weil ich aus Frankfurt _____.

D'rum _____ ich Frankfurt aus dem _____

und wende _____, Gott _____ wohin!

Ich _____ mein Glück _____, marschieren.

MULTIPLE CHOICE EXERCISE:

1. Es ist ein _____ Schluss,
   (hart/harte/harter/hartes)

2. weil ich aus Frankfurt _____.
   (musst/muss/müsst/müssen)

3. D'rum schlag' ich Frankfurt aus _____ Sinn
   (der/den/dem)

4. und wende _____, Gott _____ wohin!
   (mich/mir)   (weißt/weiß/wissen)

5. Ich _____ mein Glück probieren, marschieren.
   (will/willst/wollen)

Wir lieben die Stürme

ein Piratenlied

Wir lie - ben die Stür - me, die brau - sen - den Wo - gen, der

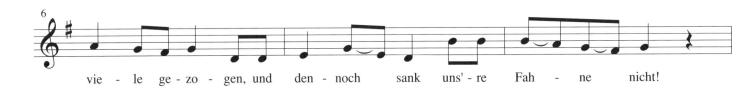

eis - kal - ten Win - de rauh - es Ge - sicht. Wir sind schon der Mee - re so

vie - le ge - zo - gen, und den - noch sank uns' - re Fah - ne nicht!

Hei - jo, hei - jo hei - jo, hei - jo hei - jo, hei - jo - ho, hei -

jo, hei - jo hei - jo (Heh! Heh! Heh!) Hei - jo, hei - jo

hei - jo, hei - jo hei - jo hei - jo - ho hei - jo hei - jo hei - jo!

Wir lieben die Stürme

lieben	**schon**
Stürme	**Meere**
brausend(en)	**viele**
eiskalt(en)	**gezogen**
Winde	**dennoch**
rauh(es)	**sank**
Gesicht	**Fahne**

Wir lieben die Stürme, die brausenden Wogen,
der eiskalten Winde rauhes Gesicht!
Wir sind schon der Meere so viele gezogen,
und dennoch sank unsere Fahne nicht!

    (Heijo!)

Sample Personalized Mini-Situation:
(Maria) sitzt im Segelboot auf dem (name of local lake)-See. Die Sonne
scheint. Es ist still. Maria findet das total langweilig. Sie liebt die
Stürme. Sie ist schon durch viele Meere gezogen. Sie ist schon durchs
atlantische Meer gezogen. Sie ist schon durchs Rote Meer gezogen.
Sie ist schon durchs Schwarze Meer gezogen. Sie ist schon durch
Stürme gezogen. Sie liebt die Stürme. Sie liebt kalte Winde. Aber hier
auf dem (local lake)-See ist es warm, still und langweilig. Dann kommt
ein Tornado. Es gibt eiskalte Winde. Maria liebt den Sturm. Sie zieht
das Segelboot nach links. Sie zieht das Segelboot nach rechts. Sie
segelt (456) Kilometer pro Stunde. Sie segelt nach Hause. Sie ist froh,
denn ihr Segelboot sank nicht.

Personalized Questions:

lieben	Wer hier hat ein/e/n (Hund/Hamster/Katze/Fisch/Vogel ☺)?
	Lieben deine (Eltern/Geschwister) dein/e/n (Fisch)?
Stürme	Lieben deine (Freunde) Stürme?
	Wer von euch kommt aus (Indiana)?
	Gibt es oft dort im (Sommer) oder (Winter) Stürme?
brausend	Wer von euch hat schon brausendes Wasser am (Michigan)see gesehen?
	Waren die Wellen größer oder kleiner als (ein Haus)?
	War das in einem Sturm?
eiskalt	War der Wind eiskalt, kalt oder warm?
Winde	
rauh	War der Wind rauh oder mild?
Gesicht	Wer hier findet das Gesicht von (*) häßlich?
	Und findest du das Gesicht von (*) schön oder häßlich?
schon	Wer von euch war schon in einem Sturm (am See/in den Bergen)?
	War der Wind rauh oder mild?
	War der Wind eiskalt, kühl oder warm?
Meere	Wo auf der Welt sind die Meere besonders (warm/rauh/eikalt)?
viele	Gibt es dort viele (Stürme/Schiffe/Piraten)?
gezogen	Wer hier ist schon (nach/aus) (Vermont/Europa) gezogen?
	Wer in Hollywood ist aus (Europa) über das (atlantische) Meer gezogen?
dennoch	Die (Pommes) bei (restaurant) sind sehr ungesund, aber dennoch esse
	ich sie sehr gern! (give examples, elicit others)
sank	Welcher Charakter in einem Film sank in Treibsand?
	Sank schon (*) in Treibsand?
Fahne	Welche Farben hat die Fahne von (Österreich/Finnland/Piraten)?
	Findest du die (amerikanische) Fahne schön oder häßlich?
	Welche Fahne findest du am Schönsten?

Written Comprehension Check:

CLOZE EXERCISE:

Wir _____ die _____,

die _____ Wogen,

der _____ Winde rauhes _____!

Wir sind _____ der Meere so viele _____,

und _____ sank uns're _____ nicht!

MULTIPLE CHOICE EXERCISE:

1. Lieben wir oder hassen wir die Stürme?

2. Warum finden wir die Stürme toll?

3. Wie sind die Winde in einem Sturm?

4. Sind wir oft oder selten über die Meere gezogen?

5. Welche Farben hat unsere Fahne? Zeichne sie!

Die Natur

- Ackerwinde
- Kein schöner Land
- Rosmarienheide
- Der Mond ist aufgegangen
- Auf dem Berg, da ist es lustig

Ackerwinde

ein Kanon

Ak - ker - - - win - de, du Blu - me -

lein, Win - de aus dir mir ein

fei - nes Krän - ze - lein ein Krän - ze - lein, auf dem

Haar. Ak - ker - win - de, wun - der -

bar, wun - der - bar!

Ackerwinde

(ein Kanon)

Blümelein   **Kränzelein**

aus   **auf**

dir   **Haar**

mir   **wunderbar**

fein (fein's)

Ackerwinde, du Blümelein,
Winde aus dir
mir ein fein's Kränzelein, ein Kränzelein,
auf dem Haar,
Ackerwinde wunderbar, wunderbar.

Sample Personalized Mini-Situation:

(Max) und (Fritz) sind an einem (Cub-Scouts)-Treffen. Sie machen Kränzelein aus Blümelein. Sie machen Kränzelein aus kleinen Rosen. Max und Fritz finden das langweilig. Sie möchten Blümelein aus Plastik für ihre Kränzelein. Sie gehen in (local craft store). Sie kaufen (95.000) Blümelein aus Plastik. Sie machen (3.000) Kränzelein aus Plastik-Blümelein. Sie gehen zurück zum Cub-Scouts-Treffen. Sie geben allen Cub-Scouts (300) Kränzelein aus Blümelein aus Plastik. Die Cub-Scouts tanzen mit den Kränzelein auf dem Haar. Die Cub-Scouts finden das toll.

Personalized Questions:

Blümelein	Ist (die Sonnenblume) eine große Blume oder ein Blümelein?
	Wer hier mag große Blumen? Und wer mag Blümelein?
	Magst du Vergißmeinnichte?
	Gibt es viele oder keine Blümelein in deinem Haus?
	Sind sie (blau)?
	Welche Farbe hat das Blümelein in deinem Haus?

aus	Ist diese/r/s (Tisch/Computer/Stuhl/Ding) aus (Papier/Metal/Plastik)?
	Ist ein (Textbuch/Heft) aus Papier oder aus (Plastik)?
	Ist dein Haus aus Plastik? Ist es aus (Holz/Stroh)?
dir	(hold up object:) Dieser (Kuli) hier...Ist (er) auch aus (Plastik)?
mir	Gehört (er) mir oder dir?
fein	Und schreibst du mit diesem Kuli fein? ...sehr fein?
	Wer hier kann mit einem (Kuli/Farbstift) fein schreiben?
	Kannst du mit diesem (Kuli/Bleistift) fein schreiben?
	Gehört er dir oder (mir/ihr/ihm)?
	Kannst du mit diesem (Kuli) auch fein zeichnen?

Kränzelein	Wer von euch sieht gern (Snowwhite/Peter Pan)?
	Hat (Snowwhite/Tinkerbell) ein Kränzelein?
auf	Hat sie das Kränzelein auf der Schulter oder auf dem Haar?
Haar	Und findest du das wunderbar, oder nicht?
wunderbar	Hat (*) auch manchmal ein Kränzelein auf dem Haar?
	Wann in (Amerika) hat man ein Kränzelein auf dem Haar?

Written Comprehension Check:

CLOZE EXERCISE:

Ackerwinde, _____ Blümelein,

Winde _____ dir

_____ ein fein's Kränzelein, ein _____

_____ dem _____

Ackerwinde, _____!

FRAGEN:

1. Ist Ackerwinde eine große Blume oder ein Blümelein?

2. Machen wir aus Ackerwinde ein Kränzelein oder ein Häuslein?

3. Tragen wir das Kränzelein auf der Schulter, auf dem Haar oder auf der Nase?

4. Wie finden wir Ackerwinde, schön oder häßlich?

Kein schöner Land

Kein schö - ner Land in die - ser
Zeit als hier das uns' - re weit und breit, wo wir uns
fin - den wohl un - ter Lin - den zur A - bend - zeit, wo wir uns
fin - den wohl un - ter Lin - den zur A - bend - zeit.

2. Da haben wir so manche Stund'
Gesessen da in froher Rund'
Und taten singen;
Die Lieder klingen,
Im Eichengrund.

3. Daß wir uns hier in diesem Tal,
Noch treffen so viel hundertmal:
Gott mag es schenken,
Gott mag es lenken,
Er hat die Gnad'.

4. Nun, Brüder, eine gute Nacht,
Der Herr im hohen Himmel wacht.
In seiner Güten,
Uns zu behüten,
Ist er bedacht.

Kein schöner Land
(ein altes Volklied)

schönes Land
sucht weit und breit
findet sich unter

Kein schöner Land in dieser Zeit,
als hier das uns're weit und breit,
wo wir uns finden
wohl unter Linden
zur Abendzeit.

Sample Personalized Mini-Situation:
(Maria) ist nicht froh. Sie findet sich nicht in (Gletscher-Nationalpark). Sie findet sich in (Gary, Indiana). Maria findet ihr Haus grau und hässlich. Ihr Haus liegt nicht unter schönen Bäumen. Es liegt unter einem grauen Himmel. Es gibt weit und breit viele Fabriken um ihr Haus. Es ist Abend, und die Luft stinkt. Maria kann nicht mehr schlafen. Maria will nicht mehr in (Amerika) leben. Sie will ein schöneres Land finden. Sie packt ihre Sachen zusammen und verkauft ihr Haus.
Maria sucht weit und breit ein schöneres Land. Sie hat gehört, (Griechenland) soll viel schöner sein als Gary, Indiana. Sie fährt zuerst nach Griechenland. Sie findet Griechenland sehr schön. Sie will sich ein Haus unter Lindenbäumen in Griechenland kaufen. Sie sucht weit und breit, aber sie findet keine Lindenbäume in ganz Griechenland!
Dann fährt Maria nach Berlin. In Berlin findet sie weit und breit viele Lindenbäume. Sie freut sich. Sie sucht sich weit und breit ein schönes Haus unter Linden. Sie sucht 209 Minuten, und dann findet die das perfekte Haus unter Linden, nicht sehr weit von Berlin! Es findet sich auf einem Berg auf der Insel Rügen. Von ihrem Garten aus kann sie weit und breit auf die Ostsee sehen. Am ersten Abend im Haus sitzt sie in ihrem Garten unter den Linden. Sie trinkt einen schönen Rotwein und sagt sich: „Ach! Man findet kein schöneres Haus weit und breit von hier. Ich bleibe hier 105 Jahre."
Genau in dem Moment fährt (Arnold Schwarzenegger) auf einem großen schwarzen Harley-Motorrad vorbei. Er fragt sie: „Maria, willst du mich heiraten? Willst du mit mir in Hollywood leben?" Was soll Maria tun???

Personal Questions:

schönes Land   Wer hier findet Amerika ein schönes Land?

Gibt es ein schöneres Land als Amerika?

Welches Land ist ein schöneres Land?

Ist (Kanada) ein schöneres Land? Warum (nicht)?

Welches Land ist kein schönes Land?

weit und breit   Wer hier hat schon weit und breit nach (etwas) gesucht?

Was hast du weit und breit gesucht?

Wie lang hast du das weit und breit gesucht?

Was hat schon dein/e (*) weit und breit gesucht?

Was gibt es weit und breit in der Nähe von (Kansas City) nicht?

findet sich unter   Wer von euch findet sich oft unter (lustigen/dummen) Menschen?

Findest du dich unter ihnen (hier an der Schule/im Kino)?

Wo findet sich dein/e (*) oft unter (intelligenten) Menschen?

Wer hier hat ein schönes Haus?

Findet sich dein Haus unter (Palmen/Linden/Eichen/Kiefern)?

Finden sich (Fabriken) oder (andere Häuser) um dein Haus?

CLOZE EXERCISE:

_____ schöner Land in dieser _____,

_____ hier das uns're weit und _____,

_____ wir uns _____

wohl _____ Linden zur _____zeit.

Rosmarienheide

Volkslied

Ros - ma - rien - hei - de zur Mai - en - zeit
An - na, Ma - rian - na, wo bist du, mein

blüht, Ros - ma - rien - hei - de er -
Lieb? An - na, Ma - rian - na, der

freut das Ge - müt. Ros - ma - rien -
Wind das dich ver - trieb. An - na, Ma -

hei - de ist lieb - lich und zart,
rian - na, du zogst in die Stadt,

Ros - ma - rien - hei - de ist
An - na, Ma - rian - na, ver -

ei - ge ner Art.
ges - sen mich hat.

115

Rosmarienheide

Heide	**lieblich**
Frühling (Maienzeit)	**zart**
blüht	**eigenerart**
erfreut	**Liebe** (Lieb')
Gemüt	**der Wind**
	in die Stadt
	vergessen

Rosmarienheide zur Maienzeit blüht,
Rosmarienheide erfreut das Gemüt.
Rosmarienheide ist lieblich und zart,
Rosmarienheide ist eigenerart.

Annamarianne, wo bist du, mein Lieb'?
Annamarianne, der Wind dich vertrieb.
Annamarianne, du zogst in die Stadt.
Annamarianne, vergessen mich hat.

Sample Personalized Mini-Situation:
Es ist Frühling. (Max) wohnt auf einem Farm, (60) Meilen von (Ogallala, Nebraska). Max hat ein Problem. Seine Hände sind nicht zart. Seine Hände sind hart. Er möchte Creme für seine Hände. Max fährt mit seiner Mutti in die Stadt. Sie fahren mit dem Traktor nach Ogallala. Sie fahren zum (Supermarkt). Sie kaufen (Cornflakes, Milch, Pizza und Bananen). Sie fahren zurück auf den Farm. Max weint. Sie haben Creme für die Hände vergessen! Seine Hände nicht nicht zart. Aber seine Mutti ist sehr intelligent. Sie hat eine gute Idee. Sie schmiert ihm (Oliven)öl auf die Hände. Sie schmiert ihm jeden Tag im Frühling Olivenöl auf die Hände. Wenn der Sommer kommt sind die Hände von Max sehr zart. Max ist froh.

Personalized Questions:

Heide   Wer hier weiß, wo es in (Wisconsin/Amerika) eine Heide gibt?
            Gibt es hier in der Nähe von (Madison) eine Heide?

Frühling Wer von euch spielt im Frühling gern (Baseball/Tennis)?
            Und spielst du oft oder selten im Frühling (Fußball)?

blüht   Wer hier weiß, welche Blume im Frühling zuerst blüht?
            Blüht eine (Kaktusblume/Rose) im Frühling oder im (Winter)?

erfreut   (Skilaufen/Tanzen) erfreut mein Gemüt...
Gemüt   Erfreut (Polka-Tanzen) auch dein Gemüt?
                Was erfreut dein Gemüt?

lieblich   Ist dein(e) (Oma/Schwester) sehr lieblich?
            Wer in deiner Familie ist (total/selten) lieblich?

zart   Bei wem hier ist die Haut hart?
            Bei wem hier ist die Haut zart?
                Haben alle in deiner Familie zarte Haut?
            Ist die Haut von (*) hart oder zart?

eigenerart Wer von euch ist eigenerart?
                Ist (*) auch eigenerart?

Liebe   Wer hier hat die große Liebe für (*)?

der Wind Ist der Wind hier in (Springfield) meistens stark oder mild?
                Wo in (Michigan) ist der Wind sehr (stark/laut)?
            Wenn ein Tornado kommt, ist der Wind laut oder leise?

in die Stadt Wer hier geht (jeden Tag/zweimal in der Woche) in die Stadt?
                Geht (*) mit dir in die Stadt?
                Geht ihr nachmittags oder abends in die Stadt?
                Geht ihr in die Stadt, um ins (Restaurant/Kino) zu gehen?
            Geht man von hier aus oft zu Fuß in die Stadt?

vergessen Wer von euch hat heute sein (Textbuch/Pausenbrot) vergessen?
                Hat (*) auch sein/ihr (Textbuch) vergessen?
                Hast du heute auch dein (Geld) vergessen?

Written Comprehension Check:

CLOZE EXERCISE:

Rosmarienheide _____ Maienzeit _____,

Rosmarienheide _____ das Gemüt.

Rosmarienheide ist _____ und _____,

Rosmarienheide ist _____.

Annamarianne, wo _____ du mein _____?

Annamarianne, der _____ dich vertrieb.

Annamarianne, _____ zogst in die _____,

Annamarianne _____ mich _____.

MULTIPLE CHOICE EXERCISE:

1. Rosmarienheide _____ Maienzeit _____,
     (zum/zur/zu den)   (blühen/blüht)

2. Rosmarienheide erfreut _____ Gemüt.
                      (der/die/das)

3. Romarienheide _____ lieblich und zart.
      (bin/bist/ist/sind/seid)

Der Mond ist aufgegangen

Volkslied

Der Mond ist auf - ge - gan - gen, die

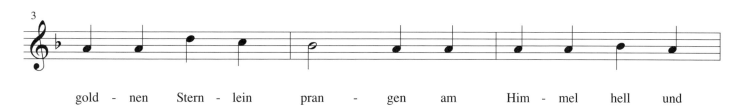

gold - nen Stern - lein pran - gen am Him - mel hell und

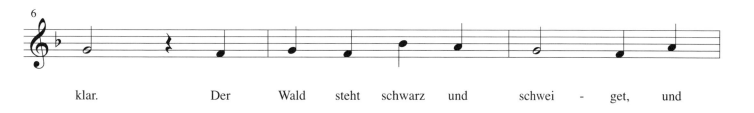

klar. Der Wald steht schwarz und schwei - get, und

aus den Wie - sen stei - get der wei - ße Ne - bel

Fine

wun - der - bar.

119

Der Mond ist aufgegangen

Mond   **Wald**

aufgegangen   **steht**

Sternlein   **schwarz**

Himmel   **Wiesen**

hell   **Nebel**

schweigt (schweiget)

steigt (steiget)

wunderbar

Der Mond ist aufgegangen,
die gold'nen Sternlein prangen
am Himmel hell und klar.
Der Wald steht schwarz und schweiget,
und aus den Wiesen steiget
der weiße Nebel wunderbar.

<u>Sample Personalized Mini-Situation:</u>
(Max) und (Maria) sind im Wald. Der Mond ist aufgegangen. Aber es ist nicht hell. Es ist dunkel. Max und Maria hören nichts. Alles schweigt. Maria schweigt. Max schweigt. Dann sehen sie ein Haus. Sie gehen zum Haus. Eine alte Frau kommt aus dem Haus. Sie gibt Maria ein (name of candybar)-Riegel. Maria schweigt. Die alte Frau gibt Max einen (Fischkopf). Max findet das unfair. Max schweigt nicht. Er sagt: "Das ist unfair!" Dann steigt er auf das Haus. Maria steigt auf das Haus. Sie gibt Max das (name of candybar)-Riegel. Max gibt Maria den Fischkopf. Max und Maria schweigen. Sie essen das Riegel und den Fischkopf.

Personalized Questions:

Mond   (Silke), geh zum Fenster und guck mal aus dem Fenster!
         Kannst du den Mond oder die Sonne sehen?
    Wer hier hat den Mond gestern abend gesehen?
       War der Mond (groß oder klein/weiß oder gelb)?

aufgegangen Ist der Mond gestern am Nachmittag oder Abend aufgegangen?

Sternlein   Hast du auch viele Sternlein gesehen?
      Waren das weiße oder goldene Sternlein?

Himmel   Wieviele Sternlein hast du am Himmel gesehen?

hell   Ist der Himmel heute (hell oder dunkel/grau oder blau)?

Wald   Wo in (Idaho/Deutschland) gibt es einen großen Wald?
      Wie heißt der Wald?
      Gehst du oft oder selten wandern in diesem Wald?

steht   Steht ein/e (Lampe/Penguine/Statue) auf diesem Schreibtisch?
      Wo in (Amerika) steht eine große Statue?

schwarz   Ist diese Statue schwarz?

schweigt   Spricht die Statue Englisch, oder schweigt sie?
   Wer von euch schweigt oft in (Mathe/Biologie)?
      Schweigst du oft in der Sportstunde?
      Schweigst du zu Hause oder sprichst du viel?
      Schweigt (*) oft oder selten (zu Hause/in der Schule)?

Wiesen   Gibt es hier in (Des Moines) Wiesen?
      Sind die Wiesen in einem Park?
      Sind die Wiesen groß oder klein?

steigt   Wann steigt der (Mississippi/Rhein), im Herbst oder im Frühling?
    Wer hier steigt einmal im Jahr auf die Schule?
      Steigt (*) manchmal auf dein Haus? Warum?

Nebel   Wo in (Amerika/England) gibt es oft Nebel?
    Gibt es auch oft hier in (South Bend) Nebel?
      Gibt's hier oft im Winter Nebel? Wann gibt's hier Nebel?

wunderbar Wer von euch findet das Essen (in der Schulmensa) wunderbar?
      Findet (*) das Essen bei ( ) wunderbar oder schlecht?

Written Comprehension Check:

CLOZE EXERCISE:

Der _____ ist _____,

die gold'nen _____ prangen

am _____ hell und _____.

Der _____ steht _____ und schweiget,

und _____ den _____ steiget

der _____ Nebel _____.

FRAGEN:

1. Ist der Mond aufgegangen oder untergegangen?

2. Sehen die Sterne am Himmel groß oder klein aus?

3. Welche Farbe haben die Sterne?

4. Welche Farbe hat der Wald?

5. Kann man im Wald viel hören?

6. Wo steigt der Nebel?

Auf dem Berg da ist es lustig

aus dem Erzgebirge

Auf dem Berg _____ da ist es lus - tig, auf dem Berg, _____ da ist es schön! Scheint die Son - - - ne früh am er - sten, scheint sie auch _____ am läng - sten hin. Wo die Wäl - - der heim - lich rau - schen, wo die Hei - - de röt - lich blüht. Mit kein´m Kö - - nig möcht´ ich tau - schen, weil dort o - - - ben mein Häus - lein steht.

Auf dem Berg, da ist es lustig
(ein Volkslied aus dem Erzgebirge)

auf dem Berg	**rauschen**
lustig	**die Heide**
schön	**blüht rötlich**
steht	**König**
früh	**tauschen**
am längsten	**dort ob'n**
die Wälder	**Häuslein**
die Sonne scheint	

Auf dem Berg, da ist es lustig,
auf dem Berg, da ist es schön.
Da scheint die Sonne früh am ersten,
scheint sie auch am längsten hin.
Wo die Wälder heimlich rauschen,
und die Heide rötlich blüht,
mit kein'm König möcht' ich tauschen,
weil dort ob'n mein Häuslein steht.

Sample Personalized Mini-Situation

(Heidi) hat ein Häuslein. Heidis Häuslein ist kein normales Häuslein—ihr Häuslein steht oben auf einem Berg im (Erzgebirge). Heidi findet ihr Häuslein sehr schön. Sie sitzt auf der Veranda und schaut auf die Wälder und die Heide. Sie hört, wie die Wälder rauschen. Sie sieht, wie die Heide rötlich blüht. Sie schreit: "Ach! Wie schön die Wälder und die Heide sind! Ich möchte mein Häuslein mit keinem König tauschen!"
Dann reitet ein König vorbei. Der König heißt (Rudolf). Er hört, wie die Wälder rauschen. Und er sieht, wie die Heide rötlich blüht. Er schreit: "Ach! Wie schön die Wälder hier rauschen! Wie schön und rötlich die Heide blüht!" Dann sieht König Rudolf die Heidi auf ihrer Veranda. Der König geht zum Häuslein. Heidi verbeugt sich (bows) vor König Rudolf und küsst ihn auf die Hand. König Rudolf sagt: "Ich finde dieses Häuslein, die Wälder und die Heide sehr schön! Möchtest du mit mir tauschen? Ich tausche dein Häuslein gegen mein Schloß in (Dresden)." Heidi findet das nicht lustig. Sie sagt: "Nein, mit keinem König möchte ich tauschen!" Dann gibt König Rudolf Heidi einen schönen Ring aus (Gold) und schreit: "Ach, Heidi! Du bist am schönsten im ganzen Land! Willst du mich heiraten?" Was soll Heidi tun???

Personalized Questions

auf dem Berg   Wer hier war schon auf einem Berg in (Colorado/Amerika/Europa)?
War das Wetter auf dem Berg (sonnig/kalt/windig)?
Was hast du auf dem Berg gesehen?

lustig   Wer von euch findet (name of comedian/movie) lustig?
Findest du auch (other comedian/movie) lustig?
Findest du seine/ihre (Stimme/Haare) lustig?

schön   Findest du ihn/sie auch schön?
Wer hier findet (Chicago) schön?
Was findest du schön in (Chicago)?

die Sonne scheint   Scheint die Sonne oft oder selten in (Chicago)?
Wo in (Amerika) scheint die Sonne (immer/oft/selten)?

früh   Wer hier steht (nicht) früh auf?
Wann stehst du auf?
Stehst du auch früh am Wochenende auf?

am längsten   Wo in (Amerika/Europa/Südamerika) scheint die Sonne am längsten im (Juni/März)?

die Wälder   Gibt es Wälder hier in (Vermont)?
Findest du die Wälder schön?

rauschen   Hast du schon gehört, wie die Wälder rauschen?
Wie klingt es, wenn die Wälder rauschen?

die Heide   Gibt es hier in (Oregon) eine Heide?
Kann man auf einer Heide (Blumen/Bäume/Gras/Tiger) sehen?
Wo in (Europa/Amerika) kann man eine Heide sehen?

blüht rötlich   Blüht eine (Sonnenblume/Tulpe) rötlich?
Welche Blume blüht rötlich?

König   Haben wir hier in Amerika einen König oder einen Präsidenten?
Wo in (Amerika/Asien/Europa/Afrika) gibt es einen König?
Wer hier möchte eines Tages König von (Amerika) werden?
Und was möchtest du als König von (Amerika) tun?

tauschen   Was tauschen wir bei (name of store) gegen (Klamotten/Essen)?
Kann man hier in Amerika Sachen tauschen, ohne Geld?
Wo kann man tauschen?
Wer hier möchte jetzt seinen (Bleistift) gegen meinen tauschen?
Möchtest du auch (Schuhe) tauschen?

dort ob'n   Was kann man dort oben (point up to a location in classroom) sehen?
Häuslein   Steht ein Häuslein dort oben?
Wohnst du in einem Haus oder in einem Häuslein?

steht   Wo hier in (Topeka) steht ein Häuslein?
Findest du das Häuslein schön oder hässlich?

125

Written Comprehension Check:

CLOZE EXERCISE:

Auf dem _____, da ist es _____,

auf dem _____, da ist es _____.

Da scheint die _____ früh am _____,

scheint sie _____ am _____ hin.

Wo die _____ heimlich rauschen,

und die _____ rötlich blüht,

mit keinem _____ möchte ich _____,

weil _____ oben mein Häuslein _____.

WAS STIMMT NICHT?

(Find the incorrect word or words in each statement, and rewrite the statement correctly according to the song text.)

1. Auf der Insel, da ist es traurig.

_____

2. Da scheint der Mond früh am ersten.

_____

3. Wo die Flüsse laut rauschen,

_____

4. und die Wiese gelblich blüht,

_____

5. mit keinem Präsidenten möchte ich tanzen,

_____

6. weil dort unten mein Schloß steht.

_____

Die Tiere

- Der Hahn ist tot
- Hü-a-ho, alter Schimmel
- Eine Muh, eine Kuh
- Der Papagei ein Vogel ist
- Finster, finster
- Miau, Miau
- Mein Pony kommt aus Island her
- Die Affen rasen durch den Wald
- Wiedele, wedele

Der Hahn ist tot

ein Kanon

Der Hahn ist tot, der Hahn ist tot. Der Hahn ist tot, der

Hahn ist tot. Er kann nicht mehr kräh'n, ko - ko - di, ko - ko - da.

Er kann nicht mehr krah'n, ko - ko - di, ko - ko - da. Ko - ko - ko - ko - ko - ko - ko - ko -

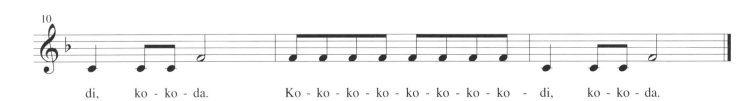

di, ko - ko - da. Ko - ko - ko - ko - ko - ko - ko - ko - di, ko - ko - da.

Der Hahn ist tot
(ein Kanon)

Hahn

tot

er

kann

nicht

Originelle Strophe:
Der Hahn ist tot, der Hahn ist tot.
Der Hahn ist tot, der Hahn ist tot.
Er kann nicht mehr krähen, kokodi, kokoda.
Er kann nicht mehr krähen, kokodi, kokoda.
Kokori-ko-ko-ko-di-ko-da.
Kokori-ko-ko-ko-di-ko-da.

Ein paar alternative Strophen:
Der Fisch ist tot...er kann nicht mehr (schwimmen/tauchen).
Der Frosch ist tot...er kann nicht mehr springen.
Die Mücke ist tot...sie kann nicht mehr (nerven/stechen).
Die Möwe ist tot...sie kann nicht mehr (fliegen/sturzen).
Die Kuh ist tot...sie kann nicht mehr muhen.
Das Stinktier ist tot...es kann nicht mehr stinken.
Das Pferd ist tot...es kann nicht mehr gallopieren.

Personalized Questions:

Hahn Ist (Bugs Bunny) ein Hahn oder ein Hase?
        Wer hier hat einen Hahn zu Hause?
        Wer unter euch wohnt auf dem Land?
             Hörst du morgens einen Hahn, wenn die Sonne aufgeht?
             Kräht der Hahn laut?
        Wie kräht ein Hahn auf (Englisch/Deutsch)?

tot Ist (George Washington) schon seit (200) Jahren tot?
        Wie lang ist (Beethoven) schon tot?

er (pointing to male student:)
        Hat er (blonde) Haare?
        Hat er eine Brille oder hat er keine Brille?
        Hat er (einen Bruder)?

kann Wer hier kann gut (tanzen/schwimmen/singen)?
nicht Wer hier kann nicht gut (singen)?
             Kann (*) gut oder nicht gut (singen)?
        Wer unter euch kann einen Kilometer in (30) Sekunden laufen?
        Kann (Spiderman) springen oder nicht?

Written Comprehension Check:

CLOZE EXERCISE:

Der _____ ist _____.

Er _____ nicht mehr _____.

MULTIPLE CHOICE EXERCISE:

1. _____ Hahn _____ tot.
     (Der/Die/Das)   (bist/ist/sind)

2. Er _____ nicht mehr _____.
     (kann/kannst/können)   (krähe/krähst/krähen/kräht)

Hu-a-ho, alter Schimmel

Kinderlied

Hü - a - ho, al - ter Schim - mel, hü - a -

ho, hü - a - ho! Un - ser Weg ist der Glei - che so - wie -

so, so - wie - so. Hier und dort und ü - ber - all sucht sich

je - der sei - nen Stall. Hü - a -

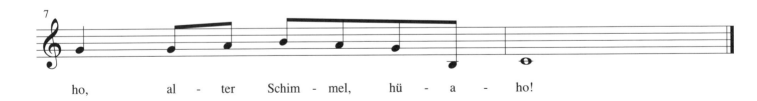

ho, al - ter Schim - mel, hü - a - ho!

Hü-a-ho, alter Schimmel

alt(er)   **hier**
Schimmel   **dort**
unser   **überall**
Weg   **sucht**
gleiche   **sich**
sowieso   **jeder**
                          Stall

Hü-a-ho, alter Schimmel!
Hü-a-ho, hü-a-ho!
Unser Weg ist der Gleiche
sowieso, sowieso.
Hier und dort und überall
sucht sich jeder seinen Stall.
Hü-a-ho, alter Schimmel, hü-a-ho!

Sample Personalized Mini-Situation:
(Maria) ist im Wald. Es ist Freitag. Sie sucht sich (Gold) im Wald. Sie sucht überall nach Gold. Ihr Weg ist lang. Sie geht (49) Kilometer geradeaus und dann nach links. Sie sucht überall nach Gold. Sie sucht oben und unten nach Gold. Sich sucht links und rechts nach Gold. Sie sucht und sucht überall. Maria findet kein Gold. Das ist tragisch. Sie weint und geht nach Hause.
Jetzt ist es Samstag. Maria ist wieder im Wald. Sie sucht überall nach (Rosen). Aber ihr Weg ist nicht der Gleiche. Es ist nicht Freitag, sondern es ist Samstag. Sie geht (39) Meter geradeaus und dann nach _rechts_. Das ist nicht der gleiche Weg. Maria sucht samstags nach (Rosen). Sie sucht überall. Sie findet keine Rosen. Sie findet aber einen kleinen (Marienkäfer). Maria ruft: "So ein Glück!" Sie küsst den Marienkäfer.

133

Personalized Questions:

alt
Wer hier hat einen alten Hund?
    Wie alt ist er? Ist das sehr alt für einen Hund?
Welcher Filmstar aus Hollywood ist sehr alt?

Schimmel
Wer von euch hat zu Hause einen Schimmel?
    Wie alt ist dein Schimmel? Ist er ein alter Schimmel?
    Hat (*) auch einen Schimmel?

unser
Unser Bundesstaat heißt (Ohio)...Wie heißt unser/e (Präsident/Schule)?
Findet ihr unsere Schule (gut oder schlecht)?

Weg
Wer hier hat einen langen Weg nach Hause?
    Wie weit ist der Weg von hier bis zu deinem Haus?
Ist der beste Weg von hier nach (Davenport) über (Chicago)?

gleich
Wer hier hat heute die gleiche (Hose) wie (Fritz) an?
    Hat (Maria) heute auch die gleiche (Hose) an?
Du und ich...haben wir die gleiche (Nase), oder nicht?

sowieso

hier
Wer ist heute nicht hier?
Ist das Wetter hier im (Dezember) normalerweise warm oder kalt?
Gibt es hier in (Lawrence) ein gutes (Kino/Restaurant)?
Liegt (Atlanta) in der Nähe oder weit von hier?

dort
    Gibt es dort (in Atlanta) gute (Restaurants/Diskos)?
    Ist das Wetter dort im (Juli) meistens sehr warm oder kalt?

überall
Ist das Wetter im (Sommer) überall sehr (warm)?
    Regnet es überall in (Amerika)?
Kann man überall in (Amerika) (Ski laufen/segeln)?
    Wo kann man das nicht?

sucht sich
Wer von euch hat eine/n (Tante/Onkel) in (Indiana)?
    Hat er/sie einen guten Job, oder sucht er/sie sich einen
        besseren Job?
    Sucht er/sie sich ein besseres Haus?

jeder
Ist jeder hier (16) Jahre alt?...Wer hier ist nicht (16) Jahre alt?
Kann jeder hier gut (tanzen)?

Stall
Wer hier hat zu Hause einen Stall für ein/e/n (Pferd/Schimmel/Boot)?

Written Comprehension Check:

CLOZE EXERCISE:

Hü-a-ho, _____ Schimmel, hü-a-ho, hü-a-ho!

_____ Weg ist der _____,

sowieso, _____.

Hier und _____ und _____

_____ sich jeder _____ Stall.

Hü-a-ho, _____ Schimmel, hü-a-ho!

Eine Muh, eine Kuh

Kinderlied

Was ist das, es steht auf der Wie - se und ist blau ge - streift?

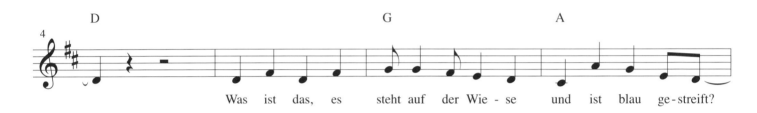

Was ist das, es steht auf der Wie - se und ist blau ge - streift?

Ei - ne Muh, ei - ne Kuh mit dem Schlaf - an - zug da - zu! So - was

hat die gan - ze Welt noch nie ge - seh - en! Ei - ne Muh, ei - ne Kuh mit dem

Schlaf - an - zug da - zu! So was hat die gan - ze Welt noch nie ge - seh'n!

136

Eine Muh, eine Kuh

Was..?	Kuh
steht	**mit**
auf	**noch nie**
Wiese	**gesehen**
gestreift	
Schlafanzug	
die ganze Welt	

Was ist das, es steht auf der Wiese
und ist blau gestreift?
Was ist das, es steht auf der Wiese
und ist blau gestreift?
Eine Muh, eine Kuh
mit dem Schlafanzug dazu!
Sowas hat die ganze Welt noch nie gesehen!
Eine Muh, eine Kuh
mit dem Schlafanzug dazu!
Sowas hat die ganze Welt noch nie gesehen!

Sample Personalized Mini-Situation:

(Max) steht auf der Wiese in (location of school). Er hat einen Schlafanzug an. Sein Schlafanzug ist (grün) und (gold) gestreift. Max ist ein großer (Packers)-Fan. (250) Touristen kommen vorbei. Die Touristen haben neue Digitalkameras. Sie machen (2.512) Fotos von Max. Einen grün- und goldgestreiften Packers-Schlafanzug haben sie noch nie gesehen.

Personalized Questions:

Was...?   Wer hier möchte etwas (trinken/spielen/essen)?
                    Was möchtest du (trinken)?

steht   Wer unter euch hat (eine Katze/einen Hund)?
                    Wie heißt (sie/er)?
auf   Steht (sie/er) oft oder selten auf deinem (Bett/Sofa/Haus/Auto)?

Wiese   Gibt es hier in (Rockford) eine Wiese?
                    Ist die Wiese (groß oder klein/in einem Park)?
            Wer hier hat eine Wiese (hinter/neben) dem Haus?

gestreift   Wer von euch wohnt in einem gestreiften Haus?
                    Ist das Haus (blau) gestreift? Ist die Garage auch gestreift?
            Wer hier hat ein/e/n blaugestreifte/s/n (Hemd/Hose/Pullover)?
            Ist (*)s Unterhose (blau)gestreift?

Kuh   Wer unter euch hat eine Kuh zu Hause?
                    Ist die Kuh (blaugestreift)?
            Wer hier möchte eine Kuh haben?
                    Möchtest du eine (blau) gestreifte Kuh haben?...Welche Farbe?

mit   Wer hier geht ins Bett mit dem Schlafanzug an?
Schlafanzug   Schläfst du im Sommer od. Winter mit dem Schlafanzug an?
                    Ist dein Schlafanzug blau gestreift?

die ganze Welt Ist die ganze Welt (warm/kalt/grün)?
                    Wo ist die Welt nicht (warm)?
noch nie   Wer von euch hat schon die ganze Welt gesehen?
gesehen   Wer hier hat (Deutschland/die Alpen/Afrika) noch nie gesehen?
            Wer hier hat (ein Rockkonzert/ein Packers-Spiel) noch nie gesehen?

Written Comprehension Check:

CLOZE EXERCISE:

_____ ist das, es _____ auf der _____

und ist _____ gestreift?

_____ Muh, eine _____

_____ dem Schlafanzug dazu,

sowas _____ die ganze _____

noch nie _____ !

UNSINN!! (Correct the nonsense statements according to the song.)

1. Eine Kuh schläft auf der Wiese.

2. Eine Kuh steht auf dem Haus.

3. Die Kuh hat einen Schwimmanzug an.

4. Der Anzug von der Kuh ist grün gepunktet.

5. Die ganze Welt hat schon so eine Kuh gesehen.

Der Papagei ein Vogel ist

aus Österreich

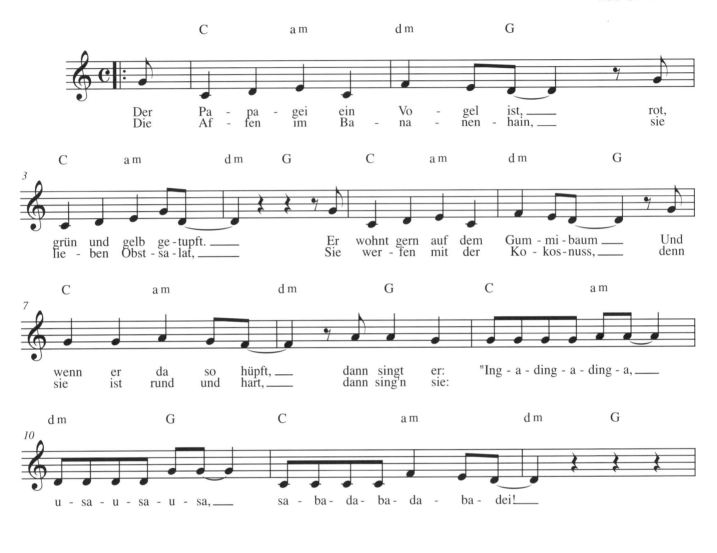

Der Papagei ein Vogel ist
(ein Kinderlied aus Österreich)

Papagei   Affen
Vogel   Bananenhain
getupft   lieben Obstsalat
wohnt gern werfen
Gummibaum Kokosnuß
hüpft   rund und hart
singt

Der Papagei ein Vogel ist,
rot, gelb, und grün getupft.
Er wohnt gern auf dem Gummibaum,
und wenn er da so hüpft, dann singt er:

Chorus: "Ingadingadinga, usa-usa-usa,
            sabadaba dabadei!
            Ingadingadinga, usa-usa-usa,
            sabadaba dabadei!"

Die Affen im Bananenhain,
sie lieben Obstsalat.
Sie werfen mit der Kokosnuß,
denn sie ist rund und hart, und dann singen sie:

Repeat Chorus

Sample Personalized Mini-Story

Es gibt einen Papagei. Der Papagei heißt (Max). Max ist kein Mensch. Max ist ein Vogel. Max der Papagei ist rot, gelb, und grün getupft. Er wohnt gern auf einem Gummibaum in (Janesville). Der Gummibaum ist braun und grün getupft.
Max geht nicht zu Fuß zur Schule. Er fliegt auch nicht. Max hüpft zur Schule! In der Schule hat Max der Papagei zwei Freunde, (Heike) und (Heinz). Heike und Heinz sind keine Papageien, und sie sind auch keine Menschen. Heike und Heinz sind Affen! Heike hat eine Kokosnuß. Die Kokosnuß ist rund und hart. Heikes Kokosnuß ist auch sehr groß! Der Papagei und die Affen werfen die Kokosnuß. Die Kokosnuß schlägt (*hits*) die Lehrerin, Frau (Smith)! Frau Smith schickt (*sends*) den Papagei und die Affen zum Schuldirektor. Er ist böse. Er schreit: "Kokosnußwerfen ist in der Schule verboten! Ihr müsst für mich singen!" Der Papagei und die Affen singen: "Ingadingadinga, usa-usa-usa, sabadaba dabadei..." Der Schuldirektor ist froh.

Personalized Questions:

Papagei   Gibt es einen Papagei hier in (der Schule / Springfield)?

                  Wer hier hat einen Papagei zu Hause?

                                Hat dein (Cousin / bester Freund) einen Papagei?

                  Ist ein Papagei ein (Mensch / Fisch)?

Vogel   Ist ein Papagei ein (Fisch) oder ein Vogel?

                              Was meinst du...ist der Papagei ein schöner Vogel?

getupft   Ist ein Papagei gestreift oder getupft?

        Ist ein (Zebra) gestreift oder getupft?

        Wer von euch hat eine/n (Katze / Hund)?

                              Ist (deine Katze) getupft? Ist (dein Hund) braun getupft?

wohnt gern Wer von euch wohnt gern hier in (Louisville)?

        Wer von euch wohnt nicht gern hier in (Louisville)?

                      Wohnt dein/e (*) gern oder nicht gern hier?

Gummibaum   Wohnt (er/sie) auf einem Gummibaum hier in (Louisville)?

        Gibt es einen Gummibaum hier in (der Schule / Louisville)?

        Wer hier will einen Gummibaum zu Hause haben?

hupft   Welches Tier hüpft? Hüpft ein (Papagei / Hund / Hase)?

        Wer von euch hüpft (hier in der Schule / zu Hause)?

                      Hüpft auch (deine Mutter / dein Cousin)?

singt   Singt (er/sie) auch gern?

               Singt (er/sie), wenn er hüpft?

        Wer hier singt gern? Wer singt nicht gern?

        Wer hier hüpft und singt gern?

Affen   Gibt es Affen hier in (der Schule / Des Moines)?

        Wo kann man hier in (Des Moines / Iowa) Affen sehen?

Bananenhain Gibt es hier in (Des Moines) einen Bananenhain?

        Gibt es hier einen (Orangen)hain?

        Wo in (Amerika / Europa) gibt es einen (Bananen/Orangen)hain?

lieben

Obstsalat Wer hier liebt Salat?

                  Liebst du (grünen / Obst- / Kartoffel)salat?

                  Liebt (*) Obstsalat?

werfen   Ist Werfen hier in der Schule erlaubt? Wo ist Werfen erlaubt?

        Wo ist Werfen verboten? Ist Werfen (im Matheunterricht) erlaubt?

               Ist Werfen erlaubt oder verboten zu Hause?

               Werfen deine (Eltern) einen Ball zu Hause? Was werfen sie?

Kokosnuß Wer von euch mag Kokosnuß?

               Magst du Kokosnuß mit (Schokolade / Ketchup / Senf)?

               Magst du Kokosnuß auf (Eis / Pizza / Hamburger)?

rund und hart Ist ein Kokosnuß rund, oder nicht? Ist ein Kokosnuß hart oder weich?

        Ist ein Kokosnuß rund und hert?

        Was (hier im Zimmer / in der Schule) ist rund und hart?

               Ist dein Haus rund oder hart?

               Was ist bei dir zu Hause rund und hart?

Written Comprehension Check:

CLOZE EXERCISE:

Der _____ ein Vogel _____,

rot, _____, und _____ getupft.

Er _____ gern auf dem Gummi_____,

und wenn er da so _____, dann _____ er:

   "Ingadingadinga...."

Die _____ im _____hain,

sie _____ Obstsalat.

Sie _____ mit der _____,

denn _____ ist rund und _____,

und dann _____ sie:

   "Ingadingadinga..."

MULTIPLE CHOICE EXERCISE:

1. _____ Papagei ein Vogel _____,
   (Der / Die / Das)   (ist / sind / bin)

2. rot, _____, und grün _____.
      (orange / gelb)   (gestreift / getupft)

3. Er _____ gern _____ dem Gummibaum,
      (wohnen / wohnt)   (in / unter / auf)

4. und _____ er da so _____,
      (wann / wenn)   (hüpft / hüpfen)

5. dann _____ er: "Ingadingadinga...."

Finster, finster

ein Kanon

Fin - ster, fin - ster, fin - ster, fin - ster, nur der Glüh - wurm

glüht im Gin - ster. Und der U - hu ruft im Grun - de.

Gei - ster - - stun - de! Schwar - ze Ra - ben

kräch - zen, al - te Bau - me äch - zen.

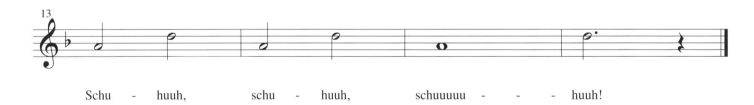

Schu - huuh, schu - huuh, schuuuuu - - - huuh!

Finster, finster
(ein Kanon)

finster	**schwarz(e)**
nur	**Raben**
Wurm	**krächzen**
glüht	**alt(e)**
Uhu	**Bäume**
ruft	**ächzen**
Stunde	

Finster, finster, finster, finster,
nur der Glühwurm glüht im Ginster.
Und der Uhu ruft im Grunde.
Geisterstunde!
Schwarze Raben krächzen,
alte Bäume ächzen.
Schu-uh! Schu-uh!
Schuuuuuuuuuuuuuuu—uh!

<u>**Sample Personalized Mini-Situation:**</u>
(Maria) sitzt im Wald. Es ist finster. Sie kann nicht sehen. Sie hat Hunger. Maria ruft: "Ich habe Hunger!" Die Bäume hören Maria. Sie bringen Maria (eine Pizza). Sie bringen Maria auch einen Wurm. Der Wurm ist braun und schleimig. Maria ruft: "Igit!" Maria isst die Pizza nicht. Sie isst den Wurm. Maria ruft: "Der Wurm ist total lecker!"

Personalized Questions:

finster
    Wer hier findet es finster hier?
    (turn off lights) Ist es jetzt finster?
    Bei wem ist es finster zu Hause?
        Ist es finster im (Keller/Wohnzimmer/WC)?
        Und ist es auch finster in der (Küche/Garage)?

nur
    Wer hier isst nur (Vanille/Erdbeer)eis?
        Ehrlich? Isst du wirklich kein (Schokoladen)eis?
    Wer von euch isst gern Pizza, aber nur mit (Käse/Tomaten) d'rauf?

Wurm
        Wirklich? Isst du nie Pizzen mit einem Wurm d'rauf?
    Wer hier möchte einmal einen Wurm auf der Pizza essen?

glüht
    Bei wem glüht ein Glühwurm im Garten?
        Glüht der Glühwurm im Sommer oder im Winter?
        Was sonst glüht bei dir zu Hause?

Uhu
    Kann man oft oder selten hier in (Davenport) einen Uhu hören?
        Hörst du manchmal einen Uhu bei dir zu Hause?
    Kann man manchmal einen Uhu hier an der Schule (sehen/hören)?

ruft
    Ruft ein Uhu normalerweise sehr laut?
    Wie ruft ein Uhu? Ruft ein Uhu so...(whistle)?
    Wer von euch ruft manchmal ("Dude!") ?

Stunde
    Wer hier kann in einer Stunde (10) Kilometer (laufen/schwimmen)?
    Wer von euch kann in einer Stunde (eine große Pizza) essen?
        Kann (*) auch in einer Stunde (10 Kilometer laufen)?

schwarz
    Wer hier hat heute schwarz an?
        Ist schwarz deine Lieblingsfarbe?
        Ist schwarz die Lieblingsfarbe von (*)?

Raben
    Wo in (Jasper) kann man schwarze Raben finden?
        Findest du schwarze Raben schön oder häßlich?

krächzen
        Krächzen die Raben laut oder leise?

alt
    Wer von euch ist (100) Jahre alt?

Bäume
    Wer hier hat alte Bäume im Garten zu Hause?
        Meinst du, diese alten Bäume sind über (200) Jahre alt?
    Wo in (Kalifornien) kann man sehr alte Bäume sehen?

ächzen
    Wer hier kann jetzt sehr laut für uns ächzen?
        Kannst du noch lauter ächzen?
    Wann ächzen (*)?

Written Comprehension Check:

CLOZE EXERCISE:

Finster, finster, finster, _____,

_____ der Glühwurm _____ im Ginster.

Und der _____ _____ im Grunde.

Geister_____!

_____ Raben krächzen,

alte _____ ächzen...Schuuuuuuuuuuuuuu-uh!

MULTIPLE CHOICE EXERCISE:

1. Nur _____ Glühwurm _____ im Ginster.
       (der/die/das)   (glühen/glüht)

2. Und _____ Uhu _____ im Grunde.
       (der/die/das)   (rufen/ruft)

3. _____ Raben krächzen,
     (schwarzen/schwarze)

4. _____ Bäume ächzen.
      (alten/alte)

Miau, miau

ein Kanon aus Italien

Mi - au! Mi - au! Hörst du mich schrei - en? Mi - au! Mi - au!

Ich will dich frei - en! Folgst du mir aus dei - nen Ge - mäch - ern, tan - zen wir

hoch auf den Däch - ern. Mi - au! Komm ge - lieb - te Kat - ze! Mi - au!

Reich mir dei - ne Tat - - - ze!

Miau! Miau!
(ein Kanon)

hörst	**tanzen**
mich	**hoch**
schreien	**auf**
will	**Dächer**(n)
dich	**komm**
heiraten (freien)	**geliebte**
folgst	**Katze**
aus	**reich**
Haus (Gemächern)	**mir**

Miau! Miau!
Hörst du mich schreien?
Miau! Miau!
Ich will dich freien!
Folgst du mir aus deinen Gemächern,
tanzen wir hoch auf den Dächern.
Miau! Komm, geliebte Katze!
Miau! Reich mir deine Tatze!

<u>**Sample Personalized Mini-Situation:**</u>
(Max) hat eine Katze. Seine Katze heißt (Maria). Max kann seine Katze nicht finden. Max will seine Katze finden. Max sucht (47) (Tage) seine Katze. Max hört seine Katze. Seine Katze macht: "Wau-Wau!!" Max schreit: "Ich höre meine Katze!" Seine Katze Maria tanzt vorbei. Die Katze tanzt den (Hula)-Tanz. Max folgt seiner Katze. Max will mit seiner Katze den Hula-Tanz tanzen. Die Katze springt aufs Haus. Max springt auch aufs Haus. Die Katze tanzt den (Salsa)-Tanz. Max tanzt den Hula-Tanz.

Personalized Questions:

hörst	Wer hier hört gern (Rap)?
	Und hörst du gern oder nicht gern (Jazz)?
mich	Wer von euch kann mich hören?
	Kannst du mich auch (sehen/riechen)?
schreien	Schreien (Packer)-Fans sehr laut an einem (Football)spiel?
	Schreien (*) laut an einem (Footballspiel/Rockkonzert)?
	Schreien (*) laut, wenn du die Hausaufgaben nicht machst?
will	Wer hier will jetzt (tanzen/singen/Pizza essen)?
	Willst du jetzt lieber (singen) oder (etwas schreiben)?
dich	Will (*) in Hollywood dich heiraten?
heiraten	Wer in Hollywood will (*) heiraten?
folgst	Folgst du oft oder selten deinen Freunden?
	Oder folgen sie dir?
aus	Kommt (*) aus (Chicago/Deutschland)?
	Kommt (*) aus (Iowa) oder (Indiana)?
Haus	Wer von euch wohnt in einem modernen Haus?
	Ist dein Haus groß oder klein? Ist dein Haus (blau)?
tanzen	Tanzen (*) und (*) gut oder schlecht?
	Und tanzen (*) gut oder schlecht?
	Tanzen sie (zu Hause/im Schlafzimmer/mit dir)?
hoch	Tanzen sie manchmal hoch auf der Garage?
auf	Liegt (Madison) hoch in den Bergen?
	Welche Stadt liegt hoch in den Bergen?
Dächer	Sind die Dächer hier in (Columbus) meistens (rot)?
	Sind die Dächer von deinem Haus und deiner Garage (rot)?
komm	(do TPR: "Komm her!" "Bleib da!")
geliebte	Wer hier hat eine Katze zu Hause?
Katze	Ist deine Katze eine geliebte Katze?
	Tanzt deine geliebte Katze gern oder nicht gern?
	Schreit deine geliebte Katze oft oder selten?
reich	(do TPR: "Reich mir deine Hände/deinen linken Fuß/dein Heft!")
mir	

Written Comprehension Check:

CLOZE EXERCISE:

Miau! Miau! _____ du mich _____?

Miau! Miau! Ich _____ _____ freien!

_____ du mir _____ deinen Gemächern,

_____ wir hoch _____ den Dächern.

Miau! _____, geliebte _____!

Miau! _____ _____ deine Tatze!

MULTIPLE CHOICE EXERCISE:

1. Miau! _____ du mich _____?
   (Höre/Hörst/Hört/Hören)　　　　　　(schreist/schreit/schreien)

2. Miau! Ich _____ _____ freien.
   (will/willst/wollen)　　　(dich/dir)

3. Folgst du _____ aus _____ Gemächern,
   (mich/mir)　　　(deine/deiner/deinen)

4. tanzen _____ hoch auf _____ Dächern.
   (wir/ihr/sie)　　　　(die/dem/den)

5. Miau! _____, geliebte Katze!
   (Kommst/Komm)

6. Miau! Reich _____ deine Tatze!
   (mich/mir)

151

Mein Pony kommt aus Island her

(Call and Response)

Mein Pony kommt aus Island her

Pony   **Schneesturm**

kommt...her   **heult**

rauh(en)   **ganz**(en)

Land   **Nacht**

weit   **die Kälte**

Meer   **kracht**

(Leiter:)

Mein Pony kommt
aus Island her,
aus dem rauhen Land
weit über dem Meer.

Wo der Schneesturm heult
den ganzen Tag,
und in der Nacht
die Kälte kracht.

(Gruppe/Echo:)

Mein Pony kommt
aus Island her,
aus dem rauhen Land
weit über dem Meer.

Wo der Schneesturm heult
den ganzen Tag,
und in der Nacht
die Kälte kracht.

Sample Personalized Mini-Situation:

(Maria) hat ein Haus in (Moose Jaw). Moose Jaw ist weit von (Chicago). Maria hat einen Wolf. Ihr Wolf heißt (Max) Max heult laut. Max möchte (name of dog chow). Aber Maria hat kein (dog chow). Also heult Max. Max heult den ganzen Tag und die ganze Nacht. Maria heult auch. Es gibt in Moose Jaw keine (Kiwis). Maria möchte Kiwis. Sie geht nach Neuseeland. Neuseeland ist weit über dem Meer. Maria geht weit über das Meer nach Neuseeland. Max geht nicht weit über das Meer. Max heult. Maria heult auch. In Neuseeland kauft sie (63) Kiwis. Maria heult nicht mehr. Sie ist froh.

Personalized Questions:

Pony	Wer hier hat ein Pony? Hat (*) ein Pony?
	Wie heißt (dein) Pony?
kommt...her	Kommt das Pony aus (Kentucky/Australien) her?
	Wer von euch kommt aus (Texas) her?
rauh	Ist (Texas/Island) ein rauhes Land?
Land	Ist (Mexiko/Italien) ein rauhes oder ein fruchtbares Land?
weit	Liegt (Indien/Kanada) weit von hier oder in der Nähe?
Meer	Liegt (Neuseeland/Kanada) weit über dem Meer (von hier)?
	Liegt (Chicago) am Meer oder an einem See?
	Liegt (dein Haus/das Weiße Haus) am Meer?
Schneesturm	Gibt es (hier/in Duluth) oft oder selten einen Schneesturm?
heult	Heult der Wind, wenn es einen Schneesturm gibt?
	Heult der Wind, wenn das Wetter schön ist?
ganz	Ist es ganz kalt oder ganz warm, wenn es einen Schneesturm gibt?
Nacht	Ist es im (Winter/Sommer) in der Nacht kalt oder ganz kalt?
die Kälte	Kommt die Kälte in (Wisconsin) aus Kanada oder vom Golf von Mexiko?
kracht	Kracht die Kälte bei (20) Grad oder bei minus (20) Grad?
	Wie klingt es, wenn die Kälte kracht? ("Boom!?")
	Bei wem kracht die Haustür zu Hause?
	Kracht die Haustür bei dir oft oder selten?
	Kracht die Kühlschranktür auch manchmal?
	Wie oft kracht die Tür zu deinem Schlafzimmer?

CLOZE EXERCISE:

Mein Pony _____ aus Island _____,

aus dem rauhen _____, weit über dem _____.

Wo der _____ heult den _____ Tag,

und in der _____ die _____ kracht.

MULTIPLE CHOICE EXERCISE:

1. Mein Pony _____ aus Island _____,
   (kommen/kommt)   (her/hin)

2. aus _____ rauhen Land, weit _____ dem Meer.
   (den/dem/das)   (unter/über)

3. Wo _____ Schneesturm heult den _____ Tag,
   (der/die/das)   (ganze/ganzen)

4. und in _____ Nacht _____ Kälte kracht.
   (die/der)   (der/die/das)

Die Affen rasen durch den Wald

Kinderlied

Die Affen rasen durch den Wald

Affen **brüllt**
rasen **Wo...?**
durch **Kokosnuß**
Wald **Wer...?**
macht...kalt
hat...geklaut

Die Affen rasen durch den Wald,
der eine macht den ander'n kalt.
Die ganze Affenband brüllt:
Wo ist die Kokosnuß?
Wo ist die Kokosnuß?
Wer hat die Kokosnuß geklaut?
Wo ist die Kokosnuß?
Wo ist die Kokosnuß?
Wer hat die Kokosnuß geklaut?

Sample Personalized Mini-Situation:
(Max) und (Maria) rasen durch (die Prärie). Sie rasen mit einem (brand name of sports car) durch die Prärie. Max hat (eine Banane) geklaut. Maria hat (name of junk food) geklaut. Sie rasen (235) Kilometer pro Stunde durch die Prärie. Die Polizei rasen auch durch die Prärie. Sie jagen Max und Maria durch die Prärie. Die Polizei rasen mit einem (name of fast car) durch die Prärie. Sie rasen auch (235) Kilometer pro Stunde durch die Prärie. Ein Polizist brüllt: "Halt!" Max und Maria rasen schneller. Sie rasen nach (Mexiko). Die Polizei rasen auch schneller. Sie rasen durch (Colorado) und durch (Neu Mexiko). Sie rasen durch die Wüste. Sie rasen nach (Antelope Wells). An der Grenze zu Mexiko halten Max und Maria nicht. Ein Polizist brüllt: "Bringt die Banane und (junk food) zurück!!" Max und Maria rasen über die Grenze.

157

Personalized Questions:

Affen Sind (Snoopy) und (Garfield) Affen? Gibt es Affen in (Montana)?
  Wo gibt es Affen?
  Gibt es Affen in deinem (Haus/Schlafzimmer)?
Welche sind intelligenter, Affen oder (Delphine)?

rasen Wo rasen die Autos schneller, in Deutschland oder Amerika?
  Rasen deine (*) oft oder selten im Auto?

durch Wer hier fährt gern durch (Tunnel/Berge)?
  Fährst du oft oder selten durch (einen Tunnel)?
Wo in (Wisconsin) kann man durch einen Tunnel fahren?

Wald Kann man in (Minnesota) durch einen großen Wald fahren?
Gibt es einen Wald in der Nähe von (hier/deinem Haus)?
  Ist der Wald groß oder klein?
Wer von euch möchte ein Haus in einem Wald haben?
  Möchtest du ein Haus im Wald in (Colorado) haben?

macht...kalt Im Film ("The Wizard of Oz"), wer macht (die böse Hexe) kalt?
  Und wie macht (er/sie) (die Hexe) kalt?

brüllt Und brüllt (Dorothy)? Welcher Charakter brüllt?

Wo...? Wohnt (Dorothy) in einem Wald? Wo wohnt sie?
Wo wohnt (*), in Hollywood oder in New York?

Kokosnuß Wer hier isst (sehr/nicht) gern (Schokolade) mit Kokosnuß?

Wer...? Wer von euch isst gern Kokosnuß auf (Pizza)?

hat...geklaut Wer hier hat als ein kleines Kind (Schokolade/ein Auto) geklaut?
  Hat (*) auch etwas geklaut?...Was hat sie/er geklaut?

Written Comprehension Check:

CLOZE EXERCISE:

Die _____ rasen durch den _____,

Der eine _____ den ander'n _____.

Die _____ Affenbande _____:

_____ ist die _____?

_____ hat die Kokosnuß _____?

MULTIPLE CHOICE EXERCISE:

1. Die Affen _____ durch _____ Wald,
      (rase/rast/rasen)   (der/den/dem)

2. _____ eine macht _____ ander'n kalt.
  (der/den)   (der/den)

3. Die _____ Affenbande _____:
    (ganze/ganzen)   (brüllst/brüllt/brüllen)

4. _____ ist die Kokosnuß?
  (Wer/Wo)

5. Wer _____ die Kokosnuß geklaut?
  (hat/habt/haben)

Widele, wedele

Schwäbisches Volkslied

Wi - de - le, we - de - le, hin - ter dem Städ - te - le hält der

Bet - tel - mann Hoch - - zeit. Hoch - - zeit.

Al - le Tie - re, die We - de - le ha - - be,

soll'n zur Hoch - zeit kom - - - me.

Wi - de - le, we - de - le, hin - ter dem Städ - te - le

hält der Bet - tel - mann Hoch - - zeit.

Widele, wedele

**hinter dem Städtlein
(Städtchen)
der Bettelmann hält Hochzeit
alle Tiere
sollen**

Widele, wedele
hinter'm Städtele
hält der Bettelmann Hochzeit. (bis)

Alle Tiere, die Wedele habe(n)
soll'n zur Hochzeit kommen! (bis)

ein(e) _____ / kein(e) _____

Sample Personalized Mini-Situation:
(Max) ist ein Bettelmann. Er hat kein Gold. Er hat kein Geld. Heute hält er Hochzeit mit (Maria). Die Hochzeit ist in keiner Kirche. Max hat kein Geld. Er hält Hochzeit hinter dem Städtlein in (name of local park)-Park. Keine Freunde kommen zur Hochzeit. Aber viele Tiere kommen zur Hochzeit. Eine Kuh kommt zur Hochzeit. Ein Vogel fliegt zur Hochzeit. Alle Tiere, die Wedele haben, kommen zur Hochzeit. Max und Maria sind froh!

Personalized Questions:

hinter   Wer hier hat ein/e/n große/n/s (Baum / Garten / Garage)
                                    hinter dem Haus?
                Gibt es auch ein/e/n (Zaun / Park) hinter deinem Haus?

Städtele / Dorf   Was meint ihr...ist (Germantown) ein Städtele (Dorf) oder eine Stadt?
                          Und was meinst du...Ist (Baltimore) ein Städtele?
                Wer hier wohnt hinter dem Städtele?
                Ist (name of local place / building) (vor / hinter / in) diesem "Städtele"?

hält Hochzeit   Hält man hier in der Schule Hochzeit?
                Wo hier in (Fort Wayne) hält man Hochzeit?
                        Hält man Hochzeit in deinem Haus?

Tiere   Gibt es viele Tiere in (name of local park)?
                Was für Tiere gibt es in (diesem Park / Oregon)? (elicit and write a list)

die (Wedele) haben Sind (Bären/Vögel) Tiere, die Wedele (Schwänzchen) haben?
                Welche sind Tiere, die keine (Wedele) haben?

sollen kommen   Wir planen eine Hochzeit zwischen (student 1) und (celebrity)!....
                Welche (Filmstars / Musiker / Politiker) sollen kommen?

Written Comprehension Check:

CLOZE EXERCISE:

Widele, wedele, _____ dem Städtele,

_____ der Bettelmann Hochzeit.

Alle _____, die Wedele _____,

soll'n zur Hochzeit _____.

MULTIPLE CHOICE EXERCISE:

1. Widele, wedele, _____ dem Städtele,
   (vor / hinter / unter / in)

2. _____ der
   (halt / halte / hält)

3. _____ Hochzeit.
   (Bettelmann / Bettelfrau / Bettelkind)

4. _____ Tiere,
   (Keine / Alle / Manche)

5. _____ Wedele haben, soll'n zur Hochzeit kommen.
   (der / die / das)

Feiertage

- Zum Geburtstag:
  Hoch soll'n sie leben

- Zum Martinstag (11. November):
  Ich geh' mit meiner Laterne

- Zum Nikolaustag (6. Dezember):
  Lasst uns froh und munter sein

- Zu Weihnachten:
  O Tannenbaum
  Leise rieselt der Schnee
  Kling, Glöckchen, Klingelingeling

Hoch soll'n sie leben

Traditional

Hoch soll'n sie leben

hoch
soll
leben
dreimal

Hoch soll er/sie leben,
Hoch soll er/sie leben,
dreimal hoch!

Er/Sie lebe hoch, er/sie lebe hoch,
    er/sie lebe hoch!
Er/Sie lebe hoch, er/sie lebe hoch,
    er/sie lebe hoch!
Hoch, hoch! Er/Sie lebe hoch!
Hoch, hoch! Er/Sie lebe hoch!
Er/Sie lebe hoch!

Sample Personalized Mini-Situation:
(Maria) lebt hoch auf (Mt. Elbert/highest point in state). Sie lebt nicht in (Colorado Springs). Sie lebt hoch auf einem Berg in (Colorado). Sie hat ein Haus hoch auf Mt. Elbert. Sie hat eine Couch und eine Laterne. Aber Maria hat ein großes Problem...Was soll sie essen? Soll sie (brand name of junk food) essen?...Maria soll (Fischtacos) essen! Also geht sie dreimal am Tag nach (Leadville/town near highest point in state). Sie geht in (name of local store). Sie kauft drei Fischtacos. Sie nimmt die Fischtacos zurück, hoch auf Mt. Elbert. Maria isst die Fischtacos. Sie sind sehr scharf! Was soll Maria jetzt trinken?...Soll sie (Kaffee) trinken?...Nein, sie soll (name of energy drink) trinken! Also geht sie dreimal in der Woche nach (Twin Lakes). Sie geht ins Hotel. Sie kauft drei Dosen (energy drink). Sie nimmt die drei Dosen (energy drink) zurück auf Mt. Elbert.

Personalized Questions:

hoch	Liegt (Madison) oder (Aspen/Leadville) hoch in den Bergen?
	Liegt dein Haus hoch hier in (Cedarburg)?

soll	Wer hier soll jeden Tag zu Hause (das Bett machen/Geschirr spülen)?
	Soll dein (*) das auch jeden Tag?
leben	Wieviele Jahre soll (ein Hamster/Elefant) leben?
	Leben die Leute in (Kanada/Japan/Bangladesch) relativ gut?
	Wo leben die Menschen relativ (gut/schlecht)?

dreimal	Wer hier kann dreimal springen?
	Kannst du dich auch jetz dreimal umdrehen?
	Wer hier soll dreimal am Tag die Zähne putzen?
	Sollst du auch dreimal am Tag (das Bett machen)?
	Was sollst du dreimal am Tag machen?

Written Comprehension Check:

CLOZE EXERCISE:

Hoch _____ er _____,

hoch _____ er _____,

_____ hoch!

Er lebe _____!

MULTIPLE CHOICE EXERCISE:

1. Hoch _____ er _____,
      (soll/sollst/sollen)   (lebe/lebst/lebt/leben)

2. _____ hoch!
      (einmal/zweimal/dreimal)

Ich geh mit meiner Laterne

Traditional

Ich   geh   mit   mei - ner   La -
Dort   o - - - ben   leuch - ten   dir

ter - ne   und   mei - ne   La - ter - ne   mit   mir.
Ster - ne,   hier   un - ten,   da   leuch - ten   wir.

Mein   Licht   ist   aus,   wir   gehn   nach   Haus.   La -

bim - mel,   la - bam - mel,   la - bum.

169

Ich geh' mit meiner Laterne
(zum Martinstag, 11. November)

gehe (geh')	**hier unten**
Laterne	**wir**
mit	**Licht**
dort oben	**aus**
leuchten	**Sterne**
nach Hause (nach Hause)	

Ich geh' mit meiner Laterne
und meine Laterne mit mir.
Dort oben leuchten die Sterne,
hier unten, da leuchten wir.
Mein Licht ist aus,
wir geh'n nach Haus',
labimmel, labammel, labum.

Sample Personalized Mini-Situation:
(Max) ist ein großer Fan von (name of rock singer/group). (Rock singer) gibt heute ein Konzert in (location of school)! Max geht ins Konzert. Er geht mit seiner Laterne ins Konzert. (Rock singer) singt sehr laut. Max findet das toll! Max hebt seine Laterne. Seine Laterne leuchtet hell. Seine Laterne leuchtet sehr hell. (Rock singer) kann nicht sehen. Eine Polizistin geht auf Max zu. Sie nimmt die Laterne von Max. Sie bringt Max nach Hause. Sie hebt die Laterne. Die Polizistin kann nicht sehen. Max geht zurück ins Rockkonzert. Aber er geht nicht mit seiner Laterne. Die Polizistin geht in (local store). Sie kauft eine Sonnenbrille.

Personalized Questions:

gehe	Wer hier geht mit einer Laterne in die (Schule/Bowling-Bahn/Disko)?
Laterne	Wer hier geht mit einer Laterne (nach Hause/ins Bett)?
mit	Gehst du mit einer Laterne oder Taschenlampe in die Garage?
dort oben	(pointing) Gibt es dort oben (eine Spinne/eine Pizza/eine Laterne)?
	Was gibt es dort oben?
leuchten	Leuchten dort oben (100) Sterne, oder mehr?
Sterne	Wieviele Sterne leuchten dort oben?
hier unten	Leuchten auch hier unten Sterne?
	Leuchtet (der Mond/die Sonne) dort oben oder hier unten?
wir	(to a student:) Du und ich...leuchten wir?
	Leuchten wir dort oben oder hier unten?
Licht	Kann ein (Pilot/Astronaut) Licht hier unten sehen?
	Was für ein Licht ist das?
	Kann ein Astronaut das Licht von deinem Haus sehen?
	Kommt das Licht in deinem Haus von Kerzen?
	Wer hier hat Kerzenlicht beim Abendessen?
	Gibt es auch bei euch zu Weihnachten Kerzenlicht?
aus	Wer macht das Kerzenlicht aus, du oder (*)?
nach Hause	Wer hier geht (oft/selten) zu Fuß nach Hause?
	Hast du eine Laterne in der Hand, wenn du nach Hause gehst?
	Geht (*) manchmal mit dir nach Hause?
	Wer hier geht nach der Schule nicht direkt nach Hause?
	Warum gehst du nicht direkt nach Hause?

Written Comprehension Check:

CLOZE EXERCISE:

Ich _____ mit meiner _____,

und meine Laterne _____ mir.

Dort _____ leuchten die _____,

hier _____ da leuchten _____.

Mein _____ ist _____,

wir geh'n _____ Haus'.

Labimmel, labammel, ladum.

UNSINN! (Rewrite the false statements to make them correct according to the song.)

1. Ich gehe mit meiner Taschenlampe, _____

2. und meine Laterne mit dir. _____

3. Hier unten leuchten die Sterne. _____

4. Mein Strom ist aus, _____

5. wir gehen in die Disko. _____

172

Lasst uns froh und munter sein

2. Bald ist unsere Schule aus!
   Dann zieh'n wir vergnügt nach Haus!
   Lustig, lustig,...

3. Dann stell ich den Teller auf,
   Nikolaus legt gewiss was drauf!
   Lustig, lustig...

4. Steht der Teller auf dem Tisch,
   sing ich nochmals froh und frisch!
   Lustig, lustig...

5. Wenn ich schlaf, dann träume ich:
   jetzt bringt Nikolaus was für mich!
   Lustig, lustig...

6. Wenn ich aufgestanden bin,
   lauf ich rasch zum Teller hin!
   Lustig, lustig...

7. Nik'laus ist ein guter Mann,
   Dem man nicht g'nug danken kann!
   Lustig, lustig...

Lasst uns froh und munter sein
(zum Nikolaustag, 6. Dezember)

lasst uns	**Herz**(en)
froh	**freuen** (freu'n)
munter	**lustig**
sein	**bald**
tief	**Abend**
	da

Lasst uns froh und munter sein,
und uns tief im Herzen freu'n!
Lustig, lustig, tra-la-ra-la-ra!
Bald ist Nikolausabend da,
bald ist Nikolausabend da!

Sample Personalized Mini-Situation:

Es ist Nikolausabend. (Maria) ist froh und munter. Sie freut sich, denn bald kommt Nikolaus. Sie legt die Schuhe aus und wartet auf Nikolaus. Sie wartet (49) Minuten. Sie schläft ein. Am Morgen geht sie zur Haustür. Sie nimmt die Schuhe und findet Steine. Rupprecht war da! (Maria) findet das nicht lustig.

Personalized Questions:

lasst uns   (do TPR:) Kommt, lasst uns (Frisbee spielen/Pizza essen)!

froh   Wer hier ist (oft/selten) froh und munter?
munter   Ist (*) auch froh und munter?
           Wer in deiner Familie ist selten froh und munter?
         Warum ist (sie/er) selten froh und munter?

sein   Wer von euch möchte in (10) Jahren (Architekt/Arzt/Lehrer) sein?
        Möchte (*) auch in (10) Jahren (Profi-Basketballspieler) sein?
    Was möchtest du in (5) Jahren sein?

tief   Ist (der Michigansee/der Mississippi) sehr tief?
        Welcher (See/Fluß) ist (nicht) sehr tief?

Herz   Wer hier hat ein großes Herz?
        Hat auch (*) ein großes Herz?
    Hat (Scrooge) ein großes Herz oder ein kleines Herz?

freuen   Freuen sich deine (Eltern/Freunde), wenn du...
        -(gute/schlechte) Noten hast?
        -deine Hausaufgaben machst?
lustig   Wer hier findet (*) total lustig?
        Findest du (*) lustig oder langweilig?
        Warum findest du (ihn/sie) lustig?
    Ist (Nikolaus/Scrooge) lustig oder nicht lustig?
bald   Wer von euch fährt bald nach (Florida)?
        Wie bald? Schon (morgen/nächste Woche)?
Abend   Fahrt ihr am (Morgen/Nachmittag/Abend) los?
    Wer hier sieht am Abend fern?
        Welche Sendungen siehst du am Abend?
        Hörst du auch am Abend (Radio/CDs)?
        Was machst du auch am Abend?
da   Wer von euch hat ein Lieblingsrestaurant?
        Wie heißt dein Lieblingsrestaurant?
        Wo ist das, in (Middleton) oder in (Madison)?
        Kann man da gut (Fisch/Steak/Pizza) essen?
        Was kann man da nicht essen?

Written Comprehension Check:

CLOZE EXERCISE:

Lasst uns _____ und munter _____,

und uns _____ im Herzen _____!

_____, _____, tra-la-ra-la-ra!

_____ ist Nikolaus_____ da!

MULTIPLE CHOICE EXERCISE:

1. Lasst _____ froh und munter _____,
        (mich/dich/uns/euch)   (bin/bist/sind/sein/seid)

2. und _____ tief im Herzen _____!
        (mich/dich/uns/euch)   (freue/freust/freut/freuen)

3. Bald _____ Nikolausabend da!
        (bin/bist/ist/sind/sein)

O Tannenbaum

2. O Tannenbaum, o Tannenbaum, du kannst mir sehr gefallen!
   Wie oft hat nicht zur Weihnachtszeit
   Ein Baum von dir mich hoch erfreut!
   O Tannernbaum, o tannenbaum, du kannst mir sehr gefallen!

3. O Tannenbaum, o Tannenbaum, dein Kleid will mich, was lehren:
   Die Hoffnung und Beständigkeit
   Gibt Trost und Kraft zu jeder Zeit.
   O Tannenbaum, o Tannenbaum, das will dein Kleid mich lehren.

O Tannenbaum
(zu Weihnachten)

Tannenbaum   **nur**

grün   **auch**

sind   **Winter**

deine   **schneit**

Blätter

Sommer (Sommerszeit)

O Tannenbaum, o Tannenbaum,
wie grün sind deine Blätter!
Du grünst nicht nur zur Sommerszeit,
nein, auch im Winter, wenn es schneit.
O Tannenbaum, o Tannenbaum,
wie grün sind deine Blätter!

Sample Personalized Mini-Situation:

(Max) ist traurig. Es schneit, und er hat keinen Tannenbaum. Er weint. Er möchte einen blauen Tannenbaum. Er geht mit (seiner Freundin Maria) in den Wald. Es schneit viel. Sie finden einen blauen Tannenbaum. Der Baum ist sehr schön. (Max) und (Maria) singen "O Tannenbaum" zum Baum. Sie küssen den Baum. Dann schneidet (Max) den Baum ab. Der Baum schreit "Aua!" (Max) und (Maria) laufen nach Hause und weinen.

Personalized Questions:

Tannenbaum Wer hier hat jetzt einen Tannenbaum zu Hause?

      Steht der Tannenbaum (in der Garage) oder im Wohnzimmer?

      Hast du auch einen Tannenbaum in deinem Zimmer?

grün   Ist ein Tannenbaum mormalerweise grün oder blau?

sind   Sind alle Tannenbäume grün?

      Sind Tannenbäume normalerweise ganz grün?

        Sind sie auch (blau/rot/braun)?

deine   Sind deine Tannenbäume meistens grün oder weiß?

Blätter   Welche Farbe sind die Blätter von einem Tannenbaum im (Sommer)?

nur   Sind die Blätter von einem Tannenbaum nur im Sommer grün?

Sommer   Sind die Blätter von einem (Ahorn-/Eichen-)baum nur im Sommer grün?

auch   Sind die Blätter von einem (Ahorn)baum auch im Winter grün?

Winter   Wer hier (wandert) gern im Winter?

schneit   Wanderst du auch gern, wenn es schneit?

      Was machst du gern, wenn es schneit?

     Kann (*) gut (Football) spielen, wenn es schneit?

Written Comprehension Check:

CLOZE EXERCISE:

O _____, o _____,

wie _____ sind _____ Blätter!

_____ grünst nicht _____ zur Sommerszeit,

nein, _____ im Winter, _____ es _____.

MULTIPLE CHOICE EXERCISE:

1. O Tannenbaum, wie grün _____ _____ Blätter!
   (bin/bist/ist/sind)   (dein/deine/deinem)

2. Du _____ nicht nur _____ Sommerszeit,
   (grünst/grünt/grünen)   (zum/zur/zu den)

3. nein, auch _____ Winter, _____ es schneit.
   (in der/im/in den)   (wann/wenn/wen)

Leise rieselt der Schnee

Traditional

2. In den Herzen ist's warm;
   Still schweigt Kummer und Harm.
   Sorge des Lebens verhallt;
   Freue dich! 's Christkind kommt bald!

3. Bald ist heilige Nacht;
   Chor der Engel erwacht.
   Hört nur, wie lieblich es schallt!
   Freue dich! 's Christkind kommt bald!

Leise rieselt der Schnee
(zu Weihnachten)

leise	**weihnachtlich**
rieselt	**glänzt** (glänzet)
Schnee	**Wald**
still	**freue**
ruht	**kommt**
See	**bald**

Leise rieselt der Schnee,
still und starr ruht der See.
Weihnachtlich glänzet der Wald.
Freue dich, 's Christkind kommt bald!

Sample Personalized Mini-Situation:
(Maria) geht leise in den Wald. (Ihr Freund Max) geht auch in den Wald.
Sie freuen sich, denn der Schnee rieselt. Max fängt Schneeflocken auf
die Zunge. Maria läuft in den See. Sie freut sich. Eine große
Schneeflocke kommt. Max streckt die Zunge aus. Aber die große
Schneeflocke glänzt. Max kann die Schneeflocke nicht sehen. Die
Schneeflocke landet auf seinen Kopf. Max freut sich nicht.

Personalized Questions:

leise   Wer hier ist meistens leise in (Mathe/Englisch/Sozialkunde)?
                Und bist du laut oder leise in (Sport)?
                Bist du laut oder leise (zu Hause/bei Oma)?
                Warum bist du (leise) (bei Oma)?
    Wo in der Schule ist es meistens leise?
    Wo in (Evanston) ist es (sehr/nicht) leise?

rieselt   Ist es laut oder leise, wenn der Schnee rieselt?

Schnee   Rieselt der Schnee in einem Schneesturm?
    In welchem Film rieselt der Schnee?

still   Ist es windig oder still in einem Schneesturm?

ruht   Wer hier ruht sich gern (im Auto/auf dem Sofa)?
                Wann ruhst du dich (auf dem Sofa)?
    Wo in (Amerika) liegt im (September) Schnee?

See   Ist der (Huron-)see immer still im (Winter)?
                Gibt es einen See in der Nähe von deinem Haus?
    Wer von euch hat eine Hütte an einem See?
                An welchem See liegt deine Hütte?

weihnachtlich Ist es hier im (April) weihnachtlich?
    Wann ist es hier weihnachtlich?
    Was kann man hier in (Cedar Falls) sehen, wenn es weihnachtlich ist?

glänzt   Glänzt der Schnee unter einem Auto oder unter einer Strassenlampe?
    Wann glänzt der Schnee mehr, im Sonnenschein oder Mondenschein?
                Was glänzt bei (dir zu Hause/shopping mall)?
    Wann glänzt ein Auto?

Wald   Wer hier wandert gern im Wald?
                Wanderst du auch gern im Wald, wenn der Schnee rieselt?
    Wann glänzt der Schnee im Wald?

freue   Freust du dich, wenn der Schnee im Wald glänzt?
                Freust du dich, wenn es regnet?
    Wann freust du dich im (Sommer/Winter)?

kommt   Kommt (*) mit dir zur Schule?
                Freust du dich, dass (sie/er) mit dir kommt?

bald   Wer von euch hat bald Geburtstag?
                Freust du dich, dass du bald Geburtstag hast?
                Hat (*) auch bald Geburtstag?
    Kommt das Wochenende bald (genug)?

Written Comprehension Check:

CLOZE EXERCISE:

_____ rieselt der _____,

_____ und starr _____ der See.

Weihnachtlich glänzet der _____.

_____ dich, 's Christkind kommt _____!

UNSINN! (Correct the false statements according to the song text.)

1. Leise rieselt der Regen, _____

2. laut und starr ruht die Stadt. _____

3. Sommerlich glänzet das Tal. _____

4. Freue dich, Nikolaus kommt in einem Jahr!

_____

Kling, Glöckchen

Traditional

2. Kling, Glöckchen, klingelingeling, kling, Glöckchen, kling!
Mädchen, hört, und Bübchen, macht mir auf das Stübchen,
Bring euch viele Gaben, sollt euch dran erlaben!
Kling, Glöckchen, klingelingeling, kling, Glöckchen, kling!

3. Kling, Glöckchen, klingelingeling, kling, Glöckchen kling!
Hell erglühn die Kerzen, öffnet mir die Herzen,
Will drin wohnen fröhlich, frommes Kind, wie selig!
Kling, Glöckchen, klingelingeling, kling, Glöckchen, kling!

185

Kling, Glöckchen
(zu Weihnachten)

Glöckchen	**der Winter**
lasst	**öffnet**
mich	**die Türen**
Kinder	**nicht**
kalt	**erfrieren**

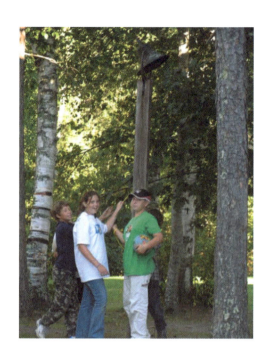

Kling, Glöckchen, klingelingeling,
kling, Glöckchen, kling!
Lasst mich ein, ihr Kinder,
ist so kalt der Winter,
öffnet mir die Türen,
lasst mich nicht erfrieren!
Kling, Glöckchen, klingelingeling,
kling, Glöckchen, kling!

Sample Personalized Mini-Situation:
(Max) hat ein Glöckchen! Er lässt sein Glöckchen laut klingen. Max findet das toll! Aber Max hat kein Haus. Es ist Winter, und es ist auch sehr kalt. Max geht zum Haus von (Maria). Er lässt sein Glöckchen klingen. Er schreit: "Lasst mich ein! Lasst mich nicht erfrieren!" Maria öffnet die Tür. Sie lacht und schreit: "Wir lassen dich nicht ein. Wir lassen dich erfrieren!" Max lässt sein Glöckchen sehr laut klingen. Eine alte Dame hört das Glöckchen klingen. Sie geht auf Max zu. Sie sagt: "Lass dein Glöckchen klingen!" Max lässt sein Glöckchen klingen. Die alte Dame tanzt. Sie gibt Max einen Kuss. Max ist jetzt ein Eisbär! Er geht zur Tür. Max brüllt: "G-r-r-r!" Die Familie von Maria schreit. Sie laufen weg. Max ist froh. Er erfriert nicht. Er hat ein Haus.

Personalized Questions:

Glöckchen
Wer hier hat ein Glöckchen im Haus?
Ist das Glöckchen in der Garage? Wo ist das Glöckchen?
Klingt das Glöckchen laut oder leise?

lasst
(TPR series of "let's" commands:)
Lasst uns...(Frisbee) spielen! Lasst uns (dreimal springen)!

mich
Wer von euch sieht mich (morgens vor der Schule/jeden Tag?
Siehst du mich einmal oder zweimal am Tag?

Kinder
Wer hier hat Kinder gern? Wer hat Kinder nicht gern?
Sind Kinder meistens brav oder frech?
Sind Kinder in (Sun Prairie) meistens laut oder leise?

kalt
Winter
Ist der Winter hier in (Wisconsin) meistens kühl oder kalt?
Findest du den Winter hier kalt oder sehr kalt?
Wo in (Amerika) ist der Winter nicht sehr kalt?

öffnet die Türen
Wer von euch öffnet die Türen für (alte Leute/die Lehrer)?
Wer öffnet die Türen für (Mutti) oder (Vati)?
Warum öffnest du ihr/ihm die Türen?
Wann öffnet sie/er _**dir**_ die Türen?
Für wen öffnest du die Autotüren?

erfrieren
Wo in (Amerika) kann man im (Juli) erfrieren?
Kann man hier in (Sun Prairie) im (Oktober) erfrieren?
In welchem (Film/Roman) erfrieren die Protagonisten?
Wer erfriert in dem Film _____?

Written Comprehension Check:

CLOZE EXERCISE:

Kling, _____, klingelingeling!

_____ mich ein, ihr _____,

ist so _____ der _____.

_____ mir die _____,

_____ mich nicht _____!

MULTIPLE CHOICE EXERCISE:

1. _____, Glöckchen, klingelingeling!
   (kling/klingt/klingen Sie)

2. _____ mich ein, ihr Kinder,
   (lass/lasst/lassen Sie)

3. ist so kalt _____ Winter,
   (der/die/das)

4. öffnet _____ die Türen,
   (mich/mir/mein)

5. lasst _____ nicht _____!
   (mich/mir/mein)   (erfriere/erfriert/erfrieren)

Index

Index

About the Author

Bernie Schlafke, a native of Green Bay, Wisconsin, began speaking and singing songs in other languages early in life, taught by his parents, who were French and German teachers. He learned song-leading as a counselor at Bear Paw Scout Camp in the woods of northern Wisconsin. Schlafke attended the University of Wisconsin in Madison, where he studied teaching methodology under Robert DiDonato, and graduated in 1984. During the *Wanderjahre* which followed, he studied music and Spanish, and resided in Bavaria. While a student in Regensburg from 1989 – 1991, Schlafke sang and toured with the Regensburger Kammerchor. Since returning to the United States, he has taught hundreds of students German and Spanish in Sun Prairie, Wisconsin, and has sung in Madison with distinguished choral groups, including the UW Madrigal Singers and the Isthmus Vocal Ensemble. His first set of vocal arrangements, "Three Alpine Carols for Christmas," appeared in 1995.

Bernie became "Bernhard" when he began working at Waldsee in 1988. His village roles have included Credit Teacher, Ethnic Music Program Leader, Dean of the German Credit Abroad Program, and Curriculum Writer. He resides in Madison.

Waldsee and Concordia Language Villages

Waldsee is North America's premier immersion program in German language and culture. Each year over 1,500 young people ages 7-18 come from all 50 states, Canada and Mexico to Waldsee's Minnesota home to join in an adventure in German language and the cultural diversity and richness of the Austrian, German and Swiss peoples. Waldsee offers a range of opportunities to engage beginner through advanced learners -- from core two-week immersion programs, four-week high school credit programs, four-week college credit programs on contemporary Germany for advanced high school students, one-week exploratory programs for young participants, village weekend programs during the school year, a high school summer credit abroad program in Germany, as well as family and adult German immersion adventures throughout the year.

Waldsee is one of 14 Language Village programs sponsored by Concordia College of Moorhead, Minnesota, a private, four-year liberal arts institution. Since 1961, with the launching of the German Language Village, Concordia Language Villages has been an international leader in immersion language education. Concordia Language Villages annually serves over 13,000 young people and is accredited by the North Central Association Commission on Accreditation and School Improvement and the American Camp Association. The educational philosophy behind Waldsee's immersion learning experiences is summed up in the mission of the Concordia Language Villages: to prepare young people for responsible citizenship in our global community.